KB116779

매일, 더, 많은
숫자의 지배

매일, 더, 많은 숫자의 지배

1판 1쇄 인쇄 2024. 1. 31.
1판 1쇄 발행 2024. 2. 8.

지은이 미카엘 달렌·헬게 토르비에른센
옮긴이 이영래

발행인 박강휘, 고세규
편집 이한경 **디자인** 박주희 **마케팅** 박인지 **홍보** 강원모
발행처 김영사
등록 1979년 5월 17일(제406-2003-036호)
주소 경기도 파주시 문발로 197(문발동) 우편번호 10881
전화 마케팅부 031) 955-3100, 편집부 031) 955-3200 | **팩스** 031) 955-3111

값은 뒤표지에 있습니다.
ISBN 978-89-349-6819-1 03300

홈페이지 www.gimmyoung.com   **블로그** blog.naver.com/gybook
인스타그램 instagram.com/gimmyoung   **이메일** bestbook@gimmyoung.com

좋은 독자가 좋은 책을 만듭니다.
김영사는 독자 여러분의 의견에 항상 귀 기울이고 있습니다.

MORE.
NUMBERS.
EVERY.
DAY.

매일, 더, 많은
숫자의 지배

미카엘 달렌 · 헬게 토르비에른센 이영래 옮김

김영사

스크린이나
종이 위
외로운 수

1590

수는 악의라곤 없는
무심한 모습이다

당신의 계좌 잔액, 맥박,
점심 전에 걸은 걸음 수

97

당신은 수를 사랑한다

24 16

0 55 7.9

수는 대단히
구체적이고,
정밀하고,
명료하다

객관적이다

수는 거짓말을
하지 않는다

3

7.9

이상적이고 계몽된 사회는
감정이 아니 수를 기반으로 한다
수는 투명성, 신뢰성, 정직을 제공한다
수는 우의미하고, 합리적이다

5

수는 정직하고,
통제 가능하며,
중립적이다

수는 악의라곤 없는 무심한 모습이다. 스크린이나 종이 위의 외로운 수. 당신의 계좌 잔액, 맥박, 점심 전에 걸은 걸음 수.

1,590　　97　　3,467

수는 대단히 구체적이고, 정밀하고, 명료하다. 수는 거짓말을 하지 않는다. 그들은 정직하고, 통제 가능하며, 중립적이다. 이성적이고 계몽된 사회는 감정이 아닌 수를 기반으로 한다. 수는 투명성, 신뢰성, 증거를 제공한다. 수는 유의미하고, 합리적이며, 객관적이다.

0　　55　　7.9

우리는 그렇게 생각한다. 천만에. 그들은 경박하고, 기만적이며, 정신을 산란하게 하는 작은 악마다.

2　　4　　16

수는 진실을 호도하고 거짓말을 한다. 왜곡하고 유인한다. 분열시키고 명령한다. 수는 우리가 보는 모든 곳에 스며들었고 당신의 삶을 장악하는 중이다. 당신은 그들을 사랑한다. 당신은 그들에게 의지한다. 그러나 그들은 사실 당신의 일을 다 망쳐놓는다.

당신이 아직 모르고 있는 것뿐이다.

1　　2　　3

차 례

들어가며

우리의 모든 날은 수로 가득하다(원문은 'Our days are numbered' 다. 의역하면 '우리에게 남은 날이 별로 없다'는 뜻이다─옮긴이).

문자 그대로 우리가 하는 모든 일은 수로 헤아려진다. 우리가 사교 활동을 한 날, 운동한 날, 일을 하고, 공부를 하고, 여행을 한 날, 잠을 잔 시간까지, 전화, 소셜 미디어, 이메일, 앱이 이 모든 것을 헤아린다. 매일같이.

오늘 몇 걸음 걸었나?

친구는 몇 명인가?

당신이 불러서 곧 타게 될 차(예전에 '택시'라 부르던 것)의 운전사는 얼마나 유능한가?

당신이 이 모든 것에 대해 알 수 있는 것은 그와 관련된 수가 존재하기 때문이다. 만보기가 당신의 걸음을 헤아린다. 페이스북이 당신의 친구가 몇 명인지 헤아린다. 차량 공유 앱이 운전자 평점을 계산한다.

몇 년 전만 해도 전혀 몰랐을 일이다. 지금은 하루 동안 우리가 하는 모든 일에 대해 헤아리는 기계가 다수 존재한다. 밤에도 마찬가지다. 잠을 얼마나 자는지, 얼마나 깊이 자는지, 얼마나 자주 깨는지, 코를 얼마나 많이 고는지, 얼마나 뒤척이는지 (혹은 소셜 미디어를 얼마나 이용하는지) 궁금한가? 그것들을 측정해주는 도구가 있다. 앱 스토어에 '카운터counter'(계수기)를 검색하면 목록 끝까지 스크롤하기도 전에 손가락에 물집이 생길 것이다. 구글에서 카운터 앱을 검색하면 수백만 개의 결과를 볼 수 있다.

이 모든 카운터는 우리 삶에 무슨 일인가 일어나고 있다는 징후다.

그리 오래지 않은 과거에 우리는 걸음 수가 얼마나 되는지 알지 못했지만 하루를 잘 보냈다. 우리는 친구가 몇 명인지 헤아리지 않고도 그들과 잘 지냈다. 하지만 그런 것들을 수로 알게 되자마자 그 수들이 갑자기 중요해졌다. 우리는 그 수에 대해 생각하기 시작했고, 그 수 때문에 기분이 좋아지고, 수를 걱정하고, 수를 비교하고, 수를 통해 자신을 평가하게 되었다. 그리고 수 때문에 더 많이 걷고 더 많은 친구를 만들게 되었다. 그뿐 아니라 짧은 수면 시간 때문에 스트레스를 받게 되었다(그리고 그 때문에 잠을 더 못 자게 되었을 것이다). 마치 우리 삶이 수에 좌우되는 것처럼.

이런 전개가 유행병처럼 번지고 있다. 우리는 수가 우리의 삶, 우리가 하는 모든 일과 우리 존재에 점점 더 깊이 스며들고, 행동 방식, 의사 결정, 생각하고 감지하고 느끼는 방법에 영향을 미치는 상황을 마주하고 있다.

우리 인간은 수 세기에 걸쳐 수에 자동적으로, 본능적으로 반응하도록 프로그래밍되어왔다. 간절하게 수를 사용하는 것을 멈추고 싶다고 해도 그렇게 할 수 없다. 우리는 수의 동물이다. 물론 우리에게도 다른 동물처럼 기본적 본능이 있다. 하지만 우리가 유인원이나 고양이와 구분되는 지점이 있다면, 우리의 동물적 본능이 수로 코딩되어 있다는 점이다(앞으로 살펴보게 될 것처럼 세포 수준에까지).

인류의 진화는 우리가 지금처럼 많거나 큰 수를 다뤄야 할 것이라고는 예상하지 못했을 것이다. 추정에 따르면, 현재 우리는 5,000년도 더 전에 우루크에서 점토판을 만든 때부터 2010년 사이에 전 인류가 만들어낸 모든 수를 긁어모은 것보다 더 많은 수를 매일 생성하고 있다.

매일. 더. 많은. 수를.

이 상황은 우리에게 어떤 영향을 미칠까?

우리(미카엘과 헬게)는 사람들의 삶, 행동, 동기, 행복에 대해 함께 강의하고 연구하는 과정에서 스스로에게 이 질문을 점점 더 자주 던지게 되었고, 그 답을 찾기로 결심했다. 더 정확하게는 답이 아닌 답, 복수의 답을 말이다. 우리는 몇 년 동안 연구실 실험, 설문 조사, 현장 연구, 테스트, 인터뷰, 관찰에 전념했고, 그 (종종 꽤 놀라운) 결과를 이 책으로 엮어냈다.

여기에서 당신은 수가 신체적으로 어떤 영향을 미치는지 알게 될 것이다. 수가 노화를 더디게 하는지 아니면 더 빠르게 하는지, 수는 당신의 자아상에 어떤 영향을 미치는지, 기분은 좋게 만드는지 아니면 나쁘게 만드는지, 경험에는 어떤 영향을 주는지, 고통을 느끼는 방식에도 영향을 주는지, 수가 어떻게 당신의 성과를 결정하게 되었는지, 인간관계에는 어떻게 파고들었는지도 보여줄 것이다.

긍정적 효과(예: 수는 실제로 더 좋은 성과를 내도록 한다)도 있지만, 부정적 효과(예: 실제로 하는 일에 무관심해진다)도 꽤 있다. 약간 불쾌한 것도 있는 반면(예: 수는 임상적인 우울증을 겪게 할 수 있다), 재미있는 것도 많다(예: 특정한 수는 왼쪽으로 돌아서는 경향을 강해지게 만든다). 우리는 당신이 이 책을 통해 이런 모든 영향에 대해 알고, 그로써 좋은 것을 참고하고 나쁜 것에는 대응하기를, 불쾌한 경험은 굳이 하지 않기를, 그래서 만족스럽고 충족감을 주는 경험을 더 많이 하고, 인간관계에서 더 많은 것을 얻고(현재 또는 미래의 파트너가 당신에게 감사의 마음을 느끼고), 더 건강한 삶을 살 수 있기를 바란다.

좋은 이야깃거리도 얻게 될 것이다. 마이클 조던이 GOAT(농구 애호가들이 말하는 '역대 최고의 선수greatest of all time')가 되기 위해 왜 특정 등번호가 필요했는지, 만보기가 어떻게 부동산 거품을 만드는지, 왜 크리스마스 직전에는 주차 딱지를 받을 확률이 다른 때보다 훨씬 높은지, 파리의 유전학에 관련된 책은 어떻게 해서 24시간 만에 세계에서 가장 비싼 책이 되었는지, 예수와 김정일의 공통점은 무엇이며 이것이 수백만 명의 삶에 어떤 영향을 미쳤는지까지 말이다.

TV 쇼핑 채널처럼 말해볼까? "잠깐만요. 그뿐만이 아닙니다!" 우리는 수 유행병이 개인(그 자체로도 영향력이 큰)뿐 아니라 사회 전체에 어떤 영향을 미치는지도 더 면밀히 살펴볼 것이다. 수는 정치와도 점점 깊이 얽히고 있다. 정치인은 얼마나 많은 사람이 자신의 메시지를 보고 내면화했는지 수로 알 수 있게 되자, 그 수를 가능한 한 최대로 높이기 위해 실시간으로 메시지를 조정하는 일에 나섰다. 대중에 대한 호소력을 극대화하고, 더 많은 약속을 하고, 더 도발적인 말과 행동을 하고, 점점 더 캐리커처처럼 행동하기 시작한 것이다. 다리 대신 벽을 쌓는다(또는 무슨 일이 있어도 그렇게 하겠다고 약속 또는 위협한다). 누구 이야기인지 아마 짐작할 것이다. 도널드 트럼프는 명백한 수 유행병 증상을 보이는 사람이다. 그를 대통령으로 만든 선거운동은 수가 주도했다. 알고리즘이 가장 많은 클릭과 공유를 일으키도록 메시지의 방향을 유도했기 때문이다.

수는 사회의(기업과 공공 부문 모두의) 모든 분야에서 결정에 영향을 미치는 진실이 된다. 직원의 웰빙 대신 사무실 조도처럼 측정하기 쉬운 것을 우선하는 우스꽝스러운 사례에 대해서도 다룰 것이다.

경제학 교수라는 본분에 충실하게 수에 대한 접근성을 높이는 것 자체가 수를 통화로 만드는 과정이라는 것도 지적한다. 우리가 서로 교환할 수 있고 거래하고 흥정하는 데 사용할 수 있는 통화 말이다. '좋아요', 스와이프(데이트 앱 틴더Tinder에서는 상대가 마음에 드는지 아닌지에 따라 오른쪽 또는 왼쪽으로 화면을 민다swipe. 여기에서 유래해 스와이프 라이트swipe right를 마음에 든다는 의미로 사용하게 되었다─옮긴이), 점수, 순위는 모두 유용한 행동 데이터다. 친절함을 보여주고, 친구를 사귀고, 공유하는 일을 수익성 있는 일로 만드는 것은 어떤 면에서는 긍정적일 수 있다. 빈부 격차를 완화하고 자본을 창출할 기회를 제공하는 돈의 대체물이 될 수 있는 것이다. 그러나 수가 그 모든 결점을 안은 채 새로운 종류의 화폐가 된다면 어떻게 될까? 갑자기 우정에 가격을 매길 수 있게 된다면 무슨 일이 일어날까? 좋아요를 사고팔 수 있게 되면? 우리는 수 자본주의자가 되어 점점 더 많은 수를 탐내게 될 위험이 있다. 그뿐 아니라 부도덕한 방식으로 행동할 수도 있다. 흥미롭게도 우리 연구는 인스타그램에서 비정상적으로 많은 좋아요를 받은 사람들이 직장에서 프린터 용지를 훔치는 경향이 더 강하다는 것을 보여주었다.

우리는 수가 인간을 우울하게, 자기애적이게, 부도덕하게 만들기도 하고, 의욕적이게, 강하게, 열정적이게 만들기도 한다는 사실을 보여줄 것이다. 당신은 특정한 수가 어떻게 뇌에 고정되어 집, 자동차, 와인에 기꺼이 금액을 지불하는 데 무의식적으로 영향을 미치는지 알게 될 것이다. 우리는 인간이 때때로 수를 고유한 성격과 성별이 있는 것처럼 생각한다는 데 대해서도 설명할 것이다.

수는 위험하기도 하지만 놀랍고 멋진 것이기도 하다. 우리 목표는 수 사용을 중단시키는 것이 아니다. 우리는 수를 좋아한다(그러지 않았다면 경제학 교수로 이렇게 오래 살아남지 못했을 것이다). 수는 대단히 중요한 발명품 중 하나이며, 고고학자들에 따르면 사람들이 가장 먼저 기록할 가치가 있다고 여긴 것이기도 하다. 세계 최초라고 알려진 문서는 점토판이다. 한때 메소포타미아였던 곳에서 발굴된, 기원전 3200년경까지 거슬러

올라가는 이 점토판에는 수도 우루크의 신전에 있는 여러 물건과 자산이 설명되어 있다. 달리 말해, 점토로 이루어진 일종의 '엑셀 스프레드시트'인 것이다.

이후 수는 역사 내내 우리를 뒤쫓았다. 회계뿐 아니라 문화, 종교, 언어, 시간, 문명 등에서 사용되었다. 하지만 최근 몇 년 동안 수의 사용이 폭발적으로 증가했다.

우리는 숫자화numberfield된 것인가?

기하급수적인 기술 발전으로 우리는 불과 몇 년 전보다 훨씬 더 많은 수를 생성할 수 있게 되었다. 톱TOP 500 리스트에 따르면, 컴퓨터의 연산 능력은 그리 오래지 않은 2010년 이후 60~100배나 증가했다. 이는 무어의 법칙에 따라 지난 50년 동안 매년 20~200%씩 증가했다는 의미다(어떻게 계산하느냐에 따라 다르다). 지금 우리가 '휴대폰'이라 부르는 것에 해당하는 연산력을 갖춘 컴퓨터를 30년 전 구하려 했다면 10만 달러 이상이 들었을 것이다. 지금은 휴대폰에 계산기와 앱을 채울 수 있

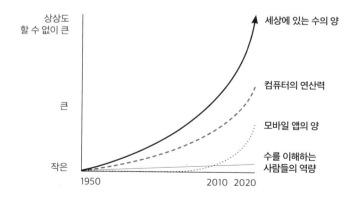

으며, 24시간 내내 우리가 하는 모든 일을 언제 어디서나 기록하고 저장할 수 있는 컴퓨터 시스템, 서버, 클라우드가 있다.

몇 년 전, 우리 두 필자는 한 무대에 서서 500명의 회사 임원에게 간단한 질문을 던진 적이 있다. "술이 없는 일주일, 섹스가 없는 일주일, 친구가 없는 일주일, 돈이 없는 일주일, 휴대폰이 없는 일주일 중 가장 견디기 힘든 것은 무엇일까요?" 결과는 더없이 분명하고 씁쓸했다. 임원들이 가장 끔찍하게 여기는 일은 휴대폰이 없는 일주일이었다.

생각해보면 그렇게 이상한 일은 아니다. 우리는 휴대폰을 사생활의 모든 내밀한 부분에까지 받아들이고 있다. 건강, 돈, 일, 친구, 휴가 등 말 그대로 모든 것에 말이다. 그 대가로 기술은 우리 모두가 전적으로 의존하게 되어버린 것, 수를 자신에게 지속적으로 주입한다. 모든 것과 모든 사람에 관련된 수를 온갖 형태와 변형으로 말이다.

수 유행병이 만연하는 또 다른 이유는 지금 우리 삶에 수를 부여할 수 있는 것이 너무 많다는 점이다. 우리는 그 어느 때보다 많은 것을 소유하고 있으며 많은 일을 한다. 미국의 한 통계에 따르면 최근 수십 년 동안 사람들의 평균 주거 공간은 거의 3배가 늘어났고, 소비는 2배 이상 증가했으며, 미국인은 자신의 물건을 보관하기 위해 창고를 대여하는 데만 연간 240억 달러 이상을 쓰고 있다. 그리고 우리는 더 많은 직업에 종사하고 더 자주 직장을 옮긴다(미국 노동통계국US Bureau of Labor Statistics에 따르면 사람들은 한 직장에서 평균 4년간 근무한다. 평생 한 직장에서 일하고 은퇴할 때 금시계를 받는 것은 먼 얘기가 되었다). 동시에 OECD 국가의 여가 시간은 일주일에 약 2시간 증가했으며, 두 필자의 고향인 노르웨이와 스웨덴은 그 2배에 가까운 증가세를 보였다. 이는 코로나19 팬데믹으로 원격 근무가 증가하기 전 상황이다. 이것으로도 충분치 않은지 우리는 더 많은 시간을 깨어 있으면서 그 시간을 수로 채운다. 핀란드 연구진에 따르면, 지난 10년간 사람들이 깨어 있는 시간이 하루 16시간에서 17시간으로 늘어났고, 미국의 한 연구는 최근 수십 년간 하루에 겨우 6시간만 자는(따라서 깨어 있는 시간이 18시간인) 사람의 비율이 30% 증가했다는 것을 발견했다.

이런 과잉과 함께 불확실성도 커졌다. 미카엘은 《넥스토피아Nextopia》(2008)에서 누구나whoever, 언제나whenever, 어디서나wherever, 무엇이나whatever 사용할 수 있게 된 세상을 칭하는 '에버 월드the-ever world'라는 용어를 만들었다. 당시 구글에서 '신발 구매'를 검색하면 50만 건의 결과가 나왔다. 요즘 같은 검색어를 검색하면 거의 600만 건에 달하는 결과를 얻을 수 있다. 구매할 물건, 받을 교육, 지원할 일자리, 시간을 보낼 여가 활동, 음식을 먹을 레스토랑, 차를 태워줄 기사, 데이트할 사람 등 무엇을 찾든 예전보다 10배나 많은 선택지가 있는 것이다. 이 가운데 우리는 도대체 어떤 선택을 해야 할까?

이런 상황은 통계에 나타나는 수면 장애와 스트레스 증가에 따른 수면 시간 감소, 특히 젊은 층의 수면 시간 감소의 원인인 것이 확실하다. 이는 다시 수에 대한 우리의 의존도를 높인다. 많은 리뷰와 더 좋은 점수가 의사 결정에서의 불안감을 더는 데 도움이 되기 때문이다.

수치화해야 할 것이 늘어난다는 것은 우리 관심을 끌기 위한 경쟁이 치열해진다는 의미이기도 하다. 수는 권위를 부여하는 결정적 도구가 된다. 기업은 우리를 멈춰 세워 자신들의 제품을 구매하도록 만들기 위해 마케팅에 수를 채워 넣는다(회전이 27도 더 걸리는 패들 테니스 라켓이라고 하면 일단은 더 좋아 보인다. 그것이 실제로 어떤 의미든 말이다). 뉴스 매체는 우리가 기사를 읽도록 만들기 위해 수를 이용해 헤드라인에 양념을 친다("코로나19 사망자, 일주일 만에 100% 증가"). 정치인은 자신의 정책이 눈에 띄도록 수를 사용한다("우리는 3만 채의 새집을 지어 경기를 부양했습니다!"). 우리 같은 보통 사람들도 높은 평점을 보고 우리를 선택해주었으면 하는 바람을 갖고 중고 의류 판매부터 소파 임대, 데이트에 이르기까지 모든 일에 수를 이용한다. 수에는 긴 설명이 필요 없으며 주관적이지 않다. 아니, 우리는 그렇다고 생각한다. 우리는 수에 본능적으로 반응하고 수를 즉각적으로 이해한다. 아니, 그렇다고 생각한다.

그리하여 지금 우리는 이곳에 다다랐다.

문자 그대로의 의미로, 우리의 모든 날은 수로 가득하다.

이 문장의 비유적 의미처럼 우리에게 남은 날이 별로 없다는 뜻은 아니다. 물론 수 유행병보다 심각하게 인류의 존재를 위협하는 문제가 있다(바이러스성 전염병, 지구온난화, 태양계를 지나다 지구와 충돌할 위험이 있는 수십만 개의 소행성, 이런 예는 잊어버려라. 별로 유쾌한 생각은 아니니). 그런데도 우리는 이렇게 하루하루를 수로 가득 채우면서 스스로를 조금 더 불행하게 만들고 있는 것이 아닐까?

우리는 이 책을 통해 수로부터 세상을 구원하려는 것이 아니다. 다만 당신이 수에 어떤 영향을 받는지 주의를 기울이도록 해서 수를 이해하도록 돕고, 이를 통해 정량화가 당신의 삶을 더 불행하게 만들지 않도록 하는 것이 우리의 바람이다. 이 책을 읽고 당신은 어쩌면 삶의 일부를 정량화에서 해방시키기로 마음먹을지도 모른다. 그게 아니라면 최소한 일시적인 수 디톡스를 할지도 모른다. 어쨌든 수에 대한 예방접종을 하면 수를 어떻게 다룰지 스스로 선택할 수 있게 되면서 좀 더 나은 기분을 느낄 것이다.

이 책을 수에 대한 백신이라고 생각해주길 바란다.

1

수의 역사

우선 테이프를 조금 되감아보기로 하자.

최초의 '스프레드시트', 그러니까 우루크 신전의 회계장부
는 기원전 3200년으로 거슬러 올라가지만, 수는 그보다 훨씬
더 이전에 생겼다. 수의 역사는 4만 년 전부터 시작되었다. 상
상이 되는가? 4만 년 전으로 특정한 것은 고고학자들이 찾은,
수를 기록하는 막대의 연대 덕분이다. 뼈로 만든 이 막대는 인
간이 수를 세기 시작했다는 최초의 확실한 증표이며, 그 뒤에
일어나는 모든 놀라운 일의 시작이다.

I I I I I I I I I I I I I I I I I I I I I I I I I I I I I I

1970년대 스와질란드(현 에스와티니)의 산에서 발견된 '르봄
보 뼈Lebombo bone'에는 29개의 눈금이 있다. 일부에서는 이
를 두고 아프리카 여성들이 최초의 수학자였으며, 그들이 생
리 주기를 기록하기 위해 계산 막대를 사용했다고 주장한다.
그것이 사실인지는 알 수 없다. 29번째 눈금 뒤로 뼈가 부러져
있기 때문이다. 더 긴 막대였을 수도 있지 않을까?

유럽에서도 아주 오래된 계산 막대가 발견되었다. 1937년
체코슬로바키아에서 발견된 그 유명한 '늑대 뼈wolf bone'는
약 3만 년 전 것으로 추정된다. 이 뼈에는 5개씩 묶인 55개의

눈금이 있다.

IIIII IIIII IIIII IIIII IIIII IIIII IIIII IIIII IIIII IIIII IIIII

늑대 뼈는 여러 면에서 인류 최초의 슈퍼컴퓨터라고 할 수 있다. 이 계산 막대로 우리는 수를 셀 수도 있고 기록할 수도 있었다. 전체적인 윤곽을 파악하고 질서를 만들 수 있었던 것이다. 무리에 속한 개체 수를 추적하고, 동물과 소유물의 총계를 내고, 이후에는 거래와 관련된 계산까지 할 수 있었다. 세계 전역의 사람들이 느리지만 확실하게 수를 세고 계산하는 능력을 발전시켰고, 수에 의미와 가치를 부여했다.

우리는 얼마 지나지 않아 수에 의존하게 되었다. 사회를 통치하고 무역을 수행하는 데 수가 꼭 필요해졌기 때문이었다. 메소포타미아에서 발견된 최초의 석판이 이를 분명하게 보여준다. 석판에는 수와 계산이 적혀 있다. 짠! 경제학자가 탄생한 것이다. 너는 4개, 나는 5개.

수는 인간이 발명한 것이 아니다. 수는 이미 존재했다. 수를 세고 싶은 사람에게 인체를 포함한 자연은 금광이다. 손가락과 발가락, 동물, 달걀 등 아마도 인간은 이런 것들을 가장 먼저 세기 시작했을 것이다. 파이(π)나 피보나치수열로 이루어진 나선과 같은 자연 속 다른 수와 패턴은 조금 더 복잡하고 발견하기 어렵다. 하지만 솔방울 속 씨앗을 주의 깊게 관찰하면 그들 역시 나선형으로 배열되었다는 것을 알 수 있다. 한 방향으로 5개의 나선이, 다른 방향으로 8개의 나선이 있다. 해

바라기 씨앗도 나선으로 배열되어 있다. 한 방향으로 21개, 다른 방향으로 34개의 나선이 있다. 직접 헤아려보면 알 수 있을 것이다. 다음에 식료품점에 가서 로마네스코 품종의 브로콜리를 주의 깊게 살펴보면 피보나치 나선을 찾을 수 있을 것이다. 수학적 측면에서 브로콜리는 다른 자연물과 마찬가지로 수와 패턴이 가득한 놀라운 채소다.

1, 1, 2, 3, 5, 8, 13, 21, 34, 55, 89, 144, 233, 377…

학교에서 피보나치의 개념을 배우다 보면 머리가 정말 어지럽다. 피보나치를 생각하면 1980년대에 열의 넘치는 고등학생이던 내가 온갖 곳에서 나선과 수열을 찾던 것이 떠오른다. 그것들은 어디에나 있었다. 꽃잎은? 피보나치. 그런지 룩grungy look(낡아서 해진 듯한 의상으로 편안함과 자연스러움을 추구하는 1990년대 초반의 패션 스타일―옮긴이) 티셔츠의 패턴은? 피보나치. 파인애플(1980년대에 무척 유행해서 피자 위에도 올라갔다)은? 피보나치. 귀, 은하계 등 모든 것의 형태가 피보나치였다.

미술 시간에 배운 황금 비율도 피보나치였다. 우리는 인간이 황금 비율을 적절하고 조화롭다고 인식한다는 것을 배웠다. 우리는 미니 계산기와 자를 가지고 여러 시대의 예술가들이 아름다운 것을 만들어내기 위한 구성에 황금 비율을 어떻게 사용했는지 계산했다.

어쩌면 선생님도 결국 피보나치와 관련된 터널 비전(아니, 나선 비전이라고 해야 할까?)이 생겼는지도 모르겠다. 같은 선생님이 체육도 가르쳤기 때문에 우리는 몸길이의 황금 비율을 측정하는 일종의 하이브리드 활동을 했다. 궁금한 사람들을 위해 밝히자면, 반 학생 대다수는 황금 비율로 나눈 몸의 중심이 정확히 배꼽 중앙이었다. 다리가 유난히 긴 불쌍한 크리스티안만 빼고.

헬게

인류학자들은 수에 대한 이해가 각기 5개의 손가락이 있는 손에 매료된 데서 시작되었다고 생각한다. 많은 사회에서 '손가락은 5개'라는 발견이 촉매가 되어 훨씬 더 빠른 발전을 이끌었다. 손을 보고, 생각을 해보고, 친구와 토론을 해보는 것은 수, 거래, 지도에 이르는 다양한 개념을 이해하는 데 출발점이 되었을 것이다. 손가락을 이용해 수를 세는 것은 매우 직관적이고 간단한 방법이다. 오늘날에도 아이, 어른 할 것 없이 모두 손가락으로 수를 센다. 손가락과 발가락 수는 늑대 뼈에서 볼 수 있듯이 5와 10에 기반을 둔 많은 초기 문화권 수체계의 기원이기도 하다.

수를 발견하면서 인간은 갑자기 서로에게 양을 보여주고, 거래하고, 이윤을 계산하고, 회계를 하고, 세금과 수수료까지 도입하게 되었다. 인간은 기록적인 속도로 다른 종과 멀어졌다. 동물학자들은 특정 포유류에게 3 또는 4까지 셀 수 있는 능력이 있다고 생각하지만, 5는 물론 갑자기 5,000까지 마음대로 다루게 된 우리 조상에 비하면 새 발의 피라 할 수 있을 것이다.

수와 수에 대한 이해는 인류가 점차 무역에 참여하고 사회를 이루어 밀집해 살기 시작하면서 대단히 중요해졌다. 수를 세는 능력은 탐욕, 협상, 지위의 전제 조건이기도 하다. 인생에서 무엇이든 성과를 거두려면 세고 비교할 수 있어야 한다. 그런 이유로 여러 시대에 걸쳐 유지되어온 사회는 다른 수체계를 지니고 있었고, 각 체계는 나름의 리듬이나 기반을 발전시켰다. 십진법(힌두-아라비아 수체계라고도 불리는)은 10을 기본 리듬으로 한다. 현대의 모든 컴퓨터가 사용하는 이진법은 2를 기본 리듬으로 삼는다. 모든 것을 0과 1, 두 수의 조합으로 적는다. 재미있게도 고대 바빌론에는 60을 기본 리듬으로 하는 수체계가 있었다. 이 체계는 초, 분, 시간 등을 계산하고 원 안의 각도를 측정하는 데 큰 영향력을 발휘했다. 하지만 그 외의 맥락에서 보면 바빌로니아의 수체계는 대단히 비실용적이다. 거기에는 0을 나타내는 기호도 없었다.

역사 내내 우리는 5와 10을 기본 리듬으로 하는, 즉 우리가 점차 인식하게 된 손가락과 발가락 개수를 근간으로 하는 여러 수체계를 지니고 있었다. 이런 수체계가 어떻게 생겨났을지 직관적으로 이해되지 않는가? 로마숫자는 기본 리듬 5를 기반으로 해, V는 5, L은 50이었다. 하지만 이 수체계는 매우 복잡하고 다루기 어렵다. 오래된 시계와 달력을 보라. 2020년은 MMXX이라고 써야 한다.

여담이지만, 로마인은 세계의 수와 수학 발전에 곤란을 야기했다. 그리스를 침공한 그들은 수가 아닌 힘에 관심을 두었다. 로마의 수체계는 세고 계산하는 데 사용하기에는 너무 복잡했지만, 얼마나 많은 사람이 죽었는지 추적하는 데는 효과적이었다. 로마가 그리스의 수학자이자 발명가 아르키메데스를 죽이고 로마 수체계를 도입한 이래, 수학을 비롯한 과학의 발전 속도는 상당히 느려졌다. 로마숫자는 전 유럽으로 퍼져나가 500년 이상 지배적인 수체계로 군림했다. 그런데 기억나는 로마 수학자가 있는가? 없다고? 이상한 일이 아니다. 그리 훌륭한 수학자가 없었으니까.

경제학 교수인 나는 다양한 자원을 어떻게 사용하고, 나누고, 거래해야 하는지와 관련해 소통하고, 계획하고, 합의할 수 있는 언어로서의 수에 대해 종종 생각한다. 그 점을 고려할 때, 인류(혹은 인류의 상당 부분)가 동일한 수 언어에 합의했다는 것은 상당히 흥미로운 일이다. 세상에 얼마나 많은 언어가 있을까? 위키피디아를 보면 500만 명 이상이 사용하는 언어만 100개가 넘는다는 것을 알 수 있다. 이것만으로도 우리가 수를 얼마나 직관적으로 사용하는지 알 수 있다.

하지만 개인적으로는 오늘날 우리가 사용하는 수체계가 최선의 선택이라고 생각하지 않는다. 나는 중세 프랑스에서 시토 수도회Cistercian 수사들이 사용했던 수체계에 큰 매력을 느낀다. 이들은 1, 10, 100 등 서로 다른 계산 선을 사용했다. 큰 수의 암산을 시도해본 사람이라면 이것이 훨씬 더 빠르고 효과적인 시스템임을 알 것이다.

미카엘

다행히 로마제국은 결국 무너졌고, 사람들은 보다 실용적인 힌두-아라비아 십진법 체계로 돌아갔다. 이후 사람들의 혁신 능력(그리고 계산에 대한 필요성)이 다시 꽃피고 성장했다.

그렇게 해서 혁신 역량은 성장했다. 그것도 상당히 많이.

인류는 수와 수학을 통해 놀라운 성취를 이룰 수 있었다. 피라미드부터 최초의 달 여행, 세상 모든 새로운 컴퓨터와 스마트폰에 이르기까지 모든 것의 뒤에는 수가 있다. 지금 수 유행병이 그토록 위험하고 중요한 이유가 여기에 있다. 인간이 선천적으로 수에 느끼는 강한 흥미와 수에 대한 의존성이 수를 어디에나 존재하게 만든 기술과 결합되었다. 가히 치명적인 칵테일이라 할 만하다. 수는 어디에나 있다! 수학을 싫어하든 좋아하든 수는 우리를 지배할 만한 힘을 지니고 있다. 모든 수와 수체계에는 공통점이 있다. 사람들의 생각, 신념, 미신에 지대한 영향을 미쳤고, 지금도 미치고 있다는 것이다.

우리가 오늘날 사용하는 수체계가 최선이 아닐 수도 있다는 생각을 아무래도 떨칠 수가 없다. 몇 년 전 영국의 컴퓨터 공학 교수 두 사람이 '대화형 수interactive numbers'라는 새로운 수체계를 소개하는 콘퍼런스에 참석한 적이 있다. 설명하기는 쉽지 않지만(나도 아직 완벽하게 이해하지 못했다) 대략적으로 말하자면, 그 체계는 디지털 수(당연하게도 요즘은 기본적으로 모든 수가 디지털이다)를 입력할 때 그 수가 우리가 입력한 다른 수와 비교해 얼마나 합리적인지에 따라 스스로 수정이 가능해야 한다는 사실에 기반을 둔다. 우리는 수를 입력할 때 손으로 수를 쓸 때보다 자주 실수한다. 잘못된 수를 누르거나, 키를 너무 오래 눌러 수가 2배가 되거나, 공백을 표시하지 않거나, 쉼표를 잘못 입력하는 것이다. 안구 운동을 측정한 결과는 수를 입력하는 사람들이 주의의 91%를 키패드에 두고, 화면의 수에는 9%만 기울인다는 것을 보여준다.

그들이 든 사례 중 하나는 노르웨이에서 있었던 일이다. 2007년 그레테 포스바켄Grete Fossbakken은 딸의 계좌로 이체하려던 50만 크로네를 분실했다. 키보드를 잘못 눌러 돈이 다른 곳으로 이체된 것이다. 이런 경우가 전체 은행 거래의 0.2%를 차지한다고 한다(모두 합치면 상당히 큰 금액이다). 또 다른 예는 영국인 니겔 랑Nigel Lang 사건이다. 그는 2011년 아동 음란물 유포 혐의로 체포되었지만 그의 컴퓨터에서는 그런 이미지를 찾을 수 없었다. 이후 경찰이 찾던 컴퓨터의 IP 주소에 실수로 숫자를 추가했다는 것이 밝혀졌다. 그는 6만 파운드의 손해배상금과 법정 비용을 받았다.

미카엘

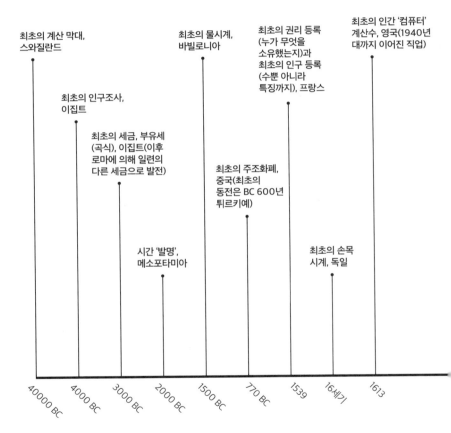

최초의 계산 막대,
스와질란드

최초의 인구조사,
이집트

최초의 세금, 부유세
(곡식), 이집트(이후
로마에 의해 일련의
다른 세금으로 발전)

시간 '발명',
메소포타미아

최초의 물시계,
바빌로니아

최초의 주조화폐,
중국(최초의
동전은 BC 600년
튀르키예)

최초의 권리 등록
(누가 무엇을
소유했는지)과
최초의 인구 등록
(수뿐 아니라
특징까지), 프랑스

최초의 손목
시계, 독일

최초의 인간 '컴퓨터'
계산수, 영국(1940년
대까지 이어진 직업)

40000 BC
4000 BC
3000 BC
2000 BC
1500 BC
770 BC
1539
16세기
1613

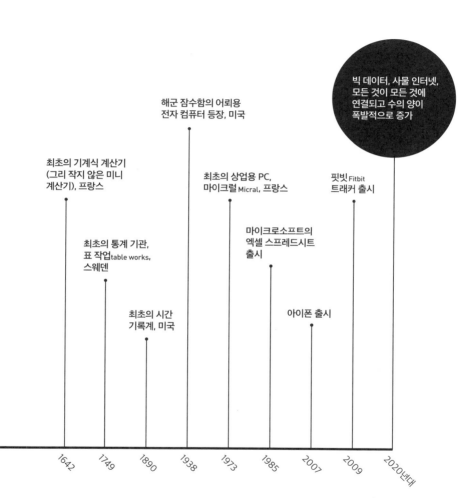

빅 데이터, 사물 인터넷, 모든 것이 모든 것에 연결되고 수의 양이 폭발적으로 증가

해군 잠수함의 어뢰용 전자 컴퓨터 등장, 미국

최초의 기계식 계산기 (그리 작지 않은 미니 계산기), 프랑스

최초의 상업용 PC, 마이크럴 Micral, 프랑스

핏빗 Fitbit 트래커 출시

최초의 통계 기관, 표 작업table works, 스웨덴

마이크로소프트의 엑셀 스프레드시트 출시

최초의 시간 기록계, 미국

아이폰 출시

1642   1749   1890   1938   1973   1985   2007   2009   2020년대

수의 신비

인간은 단어, 기호, 이름, 구름, 자연 등 어디에서나 수치와 수를 본다. 우리는 맥락을 보고자 하는 곳에서라면 맥락을 찾아내려는 경향이 있기 때문에 뉴스, 소셜 미디어, 자연, 복권에 나오는 수에 중요한 의미를 부여한다. 특정한 수치와 수를 중요하게 여기고 거기에 나름의 의미와 상징성을 부여하기도 한다.

대표적인 예로 성경 〈요한계시록〉에 나오는 수 666은 '짐승의 수'라고도 불린다. 수많은 사람이 이 수를 당대의 혐오스러운 사람들과 연관 짓고 그들에게 적그리스도의 화신이라는 역할을 덧입혔다.

특정한 의미를 부여하는 다른 수도 있다. 13은 불운을, 3은 신성을, 1,000은 많음을 의미한다. 일부 수는 특정 사건 혹은 개념과 매우 밀접하게 연결된 나머지 불가사의한 느낌을 풍기기도 한다. 수와 사건 사이의 신성하거나 신비주의적 연결성에 대한 믿음에는 수비학numerology이라는 이름까지 붙었다. 댄 브라운Dan Brown의《다빈치 코드The Da Vinci Code》를 읽거나 동명의 영화를 본 적이 있는가? 기호학 교수와 암호학자가 루브르 박물관 큐레이터 살인에 연관된 수학 퍼즐을 푼다. 이 영화에는 수많은 수비학 사례가 담겨 있다(그 때문에 가톨릭교회의 혹독한 비난을 받았다). 피보나치수열에 대한 것이든 히브리 체계를 비롯한 수체계에 대한 것이든, 수비학은 거의 모든 문화에서 중요한 역할을 해왔다.

역사는 수와 수의 마법으로 가득하다. 연금술사, 철학자, 종교 지도자, 심지어 의사도 수를 둘러싼 신비로운 기운에서 영감을 받았다. 예를 들어 전통 중국의학과 침술 같은 치료법은 '365개의 신체 부위를 1년간 매일 1곳씩', 혹은 '왕국의 중앙으로 흘러드는 12개의 강처럼 혈액과 공기가 순환하는 12개의 길' 등 수와 관련된 신비한 연결을 기반으로 한다.

교회가 수비학에 강력히 반대한 시기도 있었지만, 성경이나 다른 종교 문헌에서도 수비학의 흔적이 발견된다. 예를 들어 숫자 3과 7은 성경에서 강한 영적 의미를 지닌다. 하느님은 7일 만에 세상을 창조했다. 예수님은 하느님께 자신이 십자가 처형을 피할 수 있는지 3번 물었고, 오후 3시에 십자가에 못 박혔다.

숫자 7은 이슬람교와 이슬람 점성술을 적용하는 데도 중요한 역할을 한다. 7은 본래 행성의 수였으며 3+4뿐만 아니라 2+5, 1+6으로도 만들어지는 최초의 '온전한' 수다. 주사위 반대편에 있는 두 점의 합이기도 하다. 코란에는 7개의 하늘이 있고, 첫 장은 7연이며, 메카Mecca(이슬람 최고의 성지—옮긴이)의 순례자들은 카바Kaaba(메카에 있는 중앙 신전—옮긴이)를 7번 돌며 악마를 상징하는 벽에 7개의 돌을 던졌다.

유대교와 불교에서도 고대의 종교와 밀접한 수비학을 발견할 수 있다. 유대교 신비주의, 특히 카발라Kabbalah(중세 유대교의 신비주의—옮긴이)에서는 수비학과 점성술이 매우 중요하다. 집요한 카발리스트는 구약성서가 신에게서 영감을 받은 암호로 쓰였다고 생각했다. 그들의 수비학 체계는 그 경전들을 해독하기 위한 시도였다.

카발라는 기독교 신비주의자뿐 아니라 마돈나Madonna, 가이 리치Guy Richie, 데미 무어Demi Moore 같은 유명인까지 끌어들인 필립 버그Philip Berg의 카발라 컬트 등 상업적 뉴에이지 운동에도 영감을 주었다.

중세에는 수리론이라는 '과학', 즉 수비학 및 수의 힘과 상징성과 연관된 일종의 철학이 발전했고, 당시의 기독교 지도자와 예술가가 이를 종종 사용했다. 예를 들어 이탈리아 시인 단테의 작품에는 숫자 패턴과 숫자 상징이 가득하다. 그의 대표작 《신곡》은 숫자 3과 삼위일체를 굳건한 토대로 삼으며, 작품 전체에 숫자 3이 등장한다. 3부, 33곡. 악마는 3개의 얼굴을 가지고 있다. 3명의 여인이 단테를 위해 기도를 한다. 3가지 무서운 괴물과 3개의 사후 왕국이 있다. 중세와 르네상스 시대 전체에 걸쳐 수 신비주의는, 단테가 그랬듯 수와 수체계를 사용하거나 수리론과 수비학을 다른 모든 과학을 통합하는 일종의 초지식으로 발전시킨 수많은 책과 함께 중요한 역할을 담당했다.

수 유행병의 아버지

역사적으로 수와 수비학에 사람들이 매력을 느끼는 것은 수학, 철학, 종교, 예술, 점성술, 신비주의의 비현실적 혼합 때문인 것 같다. 흥미롭게도 이런 생각과 운동 대다수의 기원에는 한 사람이 있다. 바로 피타고라스다.

학창 시절 수학 시간에 그의 이름을 들은 것이 기억나는가? 기하학을 공부한 사람이라면 직각삼각형 변의 길이에 대한 피타고라스의 정리를 기억할 것이다. 하지만 피타고라스가 그리스도보다 500년 앞서 살았던 수학자이자 철학자, 신비주의자로 신비주의 운동과 신비주의 학파를 만들었다는 사실을 아는 사람은 많지 않다. 그의 사상은 서양철학, 수학, 음악, 종교에 큰 영향을 미쳤고, 플라톤과 소크라테스 같은 철학자뿐 아니라 점성술사, 음악가, 카발라 추종자에게까지 영감을 주었다. 피타고라스는 모든 사물은 기본적으로 수리적이며 수로 파악할 수 있다고 주장했고, 음악, 기하학, 점성술부터 무지개의 일곱 가지 색과 지구의 다섯 가지 기후대 같은 자연에 이르기까지 모든 것이 수학적 연관성을 지니고 있다고 가르쳤다. 그는 정수로 이루어진 조화 속 아름다움과 논리에 대해 역설했다.

피타고라스는 생전에 전설적 인물의 반열에 올랐고, 아리스토텔레스에 따르면 거의 초자연적 존재였다고 한다. 그 때문에 그는 빠른 시간에 많은 추종자를 끌어모았고, 그들은 이후 피타고라스학파라고 불렸다. 피타고라스 추종자들은 금욕적이고 절제된 생활을 하며 수학, 음악, 천문학에 몰두해 신비한 것을 여럿 만들어냈다. 2의 제곱근이 유리수가 아니라고 생각한 그의 제자 히파수스가 피타고라스학파에 암살당했다는 이야기는 그들의 교조적이고 은밀한 성향을 보여준다.

피타고라스 추종자들은 홀수와 짝수의 차이에도 큰 관심을 보였다. 그들은 뭔가 알고 있었던 것 같다. 수 인지에 대한 최근 연구에 따르면(곧 다시 이야기할 것이다) 짝수는 여성스럽고 부드러운 것으로 인식되는 반면 홀수는 남성적이고 딱딱한 것으로 인식된다고 한다. 2,000여 년 전 피타고라스학파는 발목까지 오는 흰색 로브를 입고 앉아 정확히 같은 것에 대해 논했다. 홀수는 남성적이고 짝수는 여성적이라고 말이다.

하지만 피타고라스학파는 모두가 남성이었기 때문에 남성적인 홀수는 밝고 선한 것, 여성적인 짝수는 어둡고 사악한 것과 연관 있다고 생각했다. 이런 이유로 짝수는 몇 세기 동안 그리 인기를 얻지 못했다. 플라톤은 짝수를 불길한 징조로 보았다. 《탈무드》에는 홀수를 사용하고 짝수를 피하는 수많은 사례가 담겨 있다. 이슬람교의 창시자 무함마드도 홀수를 선호했으며, 고대 의사들은 항상 환자에게 약을 홀수로 주었다. 그렇다면 대부분의 종교에서 가장 중요하게 여긴 수는 무엇일까? 짐작이 되는가? 그렇다, 홀수인 3과 7이다.

이것이 오늘날에도 우리가 그런 수를 더 좋아한다는 의미일까?

좋아하는 수, 싫어하는 수

당신은 리모컨의 볼륨이 44나 42가 아닌 43으로 표시되면 약간 불안해하는가? 혹은 20이 19보다 차분하고 부드럽다고 생각하는가? 당신만 그런 것은 아니다. 많은 사람이 홀수는 좀 더 개인주의적이고, 침착하지 못하며, 까다롭다고 생각한다. 반면 짝수는 친근하고, 논란의 여지가 적으며, 이해하기 쉽다고 여긴다. 10은 좋고, 11은 까다롭다고 말이다. 연구에 따르면 홀수가 까다롭게 느껴지는 것은 뇌가 홀수를 처리하는 데 조금 더 많은 시간이 필요하기 때문이라고 한다. 짝수는 뇌에 빨리 인식되고 쉽게 처리된다. 홀수는 뇌가 더 많은 실수를 저지르게 한다.

지금 우리는 뇌가 어떤 수를 좋아하고 어떤 수를 더 까다롭고 어렵다고 느끼는지에 대해 꽤 많이 알고 있다. 또 인간이 왜 서로 다른 수를 서로 다른 방식으로 경험하는지 간단하게 설명할 수도, 아주 복잡하게 설명할 수도 있다. 2020년 이루어진 광범위한 연구는 우리가 4 같은 나눌 수 있는 수와 5 같은 나눌 수 없는 수(소수라고도 하는)를 그토록 다르게 인식하는 이유를 약간 특이하게 설명한다. 우리는 사물이나 브랜드 상품을 생각하듯이, 수에도 인간의 특성이 담겨 있는 것처럼 생각하고 그에 따라 이해한다. 어떤 물건은 남성적이고 어떤 물건은 여성적이다. 어떤 브랜드는 세련되고 어떤 브랜드는 투박하다. 수와 관련해서도 우리는 똑같이 생각한다. 나눌 수 있는 수는 다른 많은 수와 연결되어 있어 사회적이라고 인식하는 반면, 나눌 수 없는 수(소수)는 다른 수와의 연결이 없으며 고독하다고 인식하는 것이다.

연구자들은 우리가 제품과 브랜드에 연결된 수를 어떻게 인식하느냐를 기반으로 그 제품과 브랜드를 달리 판단한다는 사실도 보여준다. 새로 출시된 차를 아우디 A7이라 부르면 그

차는 고독하고 개인주의적이라는 느낌을 준다. 같은 차도 아우디 A6라 부르면 더 사회적인 느낌을 준다. 그 반대도 마찬가지다. 소비자로서 혼자 결정을 내릴 때라면, 나눌 수 있는 수로 이루어진 제품, 특성, 가격을 선택할 확률이 훨씬 더 높다. 사회적인 것을 선택하려는 경향이 더 강하기 때문이다. 실제로 싱글인 사람들은 사회적인 짝수를 선호한다. 이상하게 느껴지겠지만 과학적으로 꽤 잘 입증된 사실이다.

앞서 언급한 피타고라스학파의 주장과 같이 수에서 성별을 인식한다는 연구 결과도 있다. 2011년 진행된 유명한 연구에서 미국 일리노이주 에번스턴 소재 노스웨스턴대학교의 두 연구진은 짝수는 여성스럽고 부드러운 이미지로 인식될 확률이 매우 높은 반면, 홀수는 남성적이고 독립적이며 강하게 인식된다는 것을 발견했다. 연구진은 연구 참가자들에게 여자아이 이름인지 남자아이 이름인지 알 수 없는 다양한 외국 이름을 보여준 뒤, 이름을 짝수 또는 홀수와 연결해두었다. 그 결과 참가자들은 짝수와 짝을 이룬 이름을 여성 이름이라 생각하고, 홀수와 짝을 이룬 이름을 남성 이름이라고 생각하는 경우가 더 많았다.

후속 연구에서는 참가자들에게 무작위로 아기 사진을 보여준 뒤 각각의 사진에 수를 연결해두었다. 여기에서도 같은 패턴이 나타났다. 짝수에 연결된 아기 사진은 여자아이라고 추정하는 경우가 더 많았고, 홀수에 연결된 아기 사진은 남자아이라고 생각하는 경우가 더 많았다. 피실험자들은 같은 아기라도 그 아기의 사진이 홀수 옆에 있는 경우 여자아이보다는 남자아이라고 생각하는 경향이 10% 더 강했다.

인간에게 이 모든 여성적인 수, 남성적인 수, 고독한 수, 사회적인 수 가운데 선호하는 수가 있다는 것도 드러났다. 《신기한 수학 나라의 알렉스Alex's Adventures in Numberland》와 〈가디언The Guardian〉 수학 블로그의 저자이자 수학자인 알렉스 벨로스Alex Bellos는 몇 년 전 인터넷에서 사람들이 가장 좋아하는 수를 파악하는 조사를 실시했다. 그가 제시한 선택지 중 가장 선호하는 수를 고르는 이 조사에서 전체적으로 홀수가 짝수보다 인기가 조금 더 많다는 결과가 나왔다. 홀수가 짝수보다 더 불편하고 어렵다고 생각하면서도 홀수를 더 좋아하는 것이다. 왜일까? 아마도 피타고라스에게 영감을 받은 세계의 주요 종교가 여성적인 짝수보다 남성적인 홀수를 선호했기 때문일 것이다. 일종의 수 우월주의라고나 할까?

그렇다면 세계적으로 사람들이 가장 좋아하는 수는 무엇일까? 가장 좋아하는 수를 알려준 총 4만 4,000명 중 절반이 조금 넘는 사람이 1에서 10 사이 수를 택했다. 그리고 우승자는 짜잔! 7이었다. 거의 모든 종교와 문화에서 7이 가지는 존재감을 고려하면 놀랄 일도 아니다. 숫자 7은 어디에서나 튀어나온다. 7일, 7대 죄악, 7개의 산, 7명의 신부, 7개의 동화, 7명의 자매, 7개의 바다, 7개의 기적. 백설공주와 7명의 난쟁이도 빼놓을 수 없다.

2위를 차지한 것은 3이다. 물론 이 수 역시 삼위일체와 완성을 의미하는 등 대부분의 종교와 강하게 융합되어 있으며 신성한 수로 여겨진다. 3위를 차지한 것은 8인데, 여기에는 8이

중국에서 행운을 의미하는 것이 큰 역할을 했을 듯하다. 행운의 숫자 8은 많은 중국인에게 큰 의미를 갖는다. 바로 이런 이유로 2008년 베이징 하계 올림픽 개막식은 8월 8일 8시 8분 8초에 시작되었다.

0은 선호하는 수에 대한 선택지에 포함되지 않았지만 만약 포함되었다면 경쟁이 더 치열했을 것이다. 인도의 수학자 브라마굽타Brahmagupta가 서기 628년 자신의 작품 《브라마스푸타싯단타Brāhmasphuṭasiddhānta》(외울 수 있는지 시도해보라)에 숫자 0을 정식으로 도입한 이래, 우리는 완전한 무無를 이해할 수 있는 놀라운 개념을 확보하게 되었다. 0은 조금도 없는 것이다. 우리는 0에 너무나 깊이 매혹된 나머지 zip(집), zilch(질치), nada(나다), scratch(스크래치) 같은 별명까지 붙였다. 스포츠에서도 0을 의미하는 duck(덕, 크리켓), nil(닐, 축구), love(러브, 테니스) 같은 단어를 만들었다.

수비학과 백치

수와 사건의 거룩하거나 신비롭고 의미 있는 연관성에 대한 믿음은 피타고라스 이전부터 존재해왔지만 현대의 대다수 사람들에게는 불가해하게 여겨질 것이다. 그럼에도 지금도 전 세계에 수비학을 광적으로 믿는 사람들이 있으며, 수비학에 관한 흥미로운 학습서도 많이 나와 있다. 그중 많은 책이 모든 사람에게 특정한 방식으로 운용되는 별개의 수가 있다(혹은 사람이 그 수 자체다)는 논리를 내세운다. 그 수가 인생의 모든 것에 영향을 미치며, 당신은 그 수를 통해 어디에서 살아야 하고, 복권을 살 때 어떤 수를 골라야 하는지, 어디로 여행을 해야 하는지, 어떤 호텔 방에 머물러야 하는지, 자녀와 반려묘의 이름은 어떻게 지어야 하는지 결정해야 한다.

이런 수비학 책 중에는 정말 재미있는 것이 많다. 다음은 〈식스티 미니츠60 Minutes〉, 〈리키 레이크 쇼The Ricki Lake Show〉, 〈닥터 필Dr. Phil〉 등 TV 프로그램에 출연했던 유명 수비학자 글리니스 맥캔츠Glynis McCants의 베스트셀러 《글리니스는 당신의 수를 알고 있다Glynis Has Your Number》에서 발췌한 짧은 글이다.

> 내 생년월일 번호와 인생 경로 번호가 모두 3이기 때문에 나는 3의 기운이 강하다. 한번은 33번 항공편으로 여행을 떠났다. 흥미롭다고 생각했다. 이후 그들은 나를 12번째 줄에 앉혔다(곧 알게 되겠지만 12도 3으로 분류된다). 호텔에 도착하자 내 방은 21층이었다. 짐작이 가는가? 또 3이다. 다시 비행기를 탔더니 30번 좌석(역시 3)에 앉게 되었다. 도대체 무슨 일이 벌어지고 있는 건지 궁금했다. 3만 3,000피트 상공에서 비행할 것이란 기장의 말을 듣자 웃음이 나왔다. 수의 에너지가 얼마나 자주 당신에게 말을 거는지 정말 흥미롭지 않은가?

일상에서 끊임없이 3을 찾다 보면 어디에서든 눈에 띄기 마런이다. 그것은 특별히 이해하기 어려운 일이 아니다. 수와 수 패턴에서 어려운 부분은 어떤 것이 무작위적인지, 어떤 것이 체계적이거나 의도에 따라 일어난 것인지 구분하는 일이다. 사람들, 특히 수비학자는 연관성이 전혀 없는데도 그것을 과장하는 경향이 있는 것은 아닐까? 앞서 숫자 패턴이 그득한 책의 예로 살펴본 단테의 《신곡》을 떠올려보라. 운문 형식과 곡의 명백한 패턴 외에도 수비학자와 다른 학자들은 텍스트에서 여러 가지 눈에 띄는 숫자 패턴과 연결을 발견했다. 단테가 이 모든 일을 의도적으로 한 것일까, 아니면 일부는 단순한 우연 때문일까? 수학 교수 리처드 페기스Richard Pegis는 〈단테의 수비학과 확률Numerology and Probability in Dante〉이라는 제목이 달린 재미있고 명쾌한 글에서 이런 연결성을 분석하면서, 이 것들이 무작위일 확률이 단테가 동전을 던졌을 경우만큼이나 높다는 것을 발견했다.

중세와 현대의 상업적 수비학 서적을 터무니없다고 무시하는 사람이 많을 것이다. 현대적이고 계몽적이며 지적인 우리는 아는 것이 훨씬 많으니까. 하지만 어쨌든 태어날 때부터 모두의 내면에는 수비학자가 살고 있다. 우리 뇌에는 은밀한 수비학 편향성이 있는지도 모른다. 이는 우리가 숫자 13을 두려워하며 피하고, 매주 복권에 4보다는 3과 7을 많이 넣은 수를 적고, 매일 수의 인도를 받으며 즐거워한다는 의미다.

이제는 수가 어디에나 존재하기 때문에 우리는 생각한 것보다 수에 더 자주, 더 강력한 영향을 받는다. 인류는 그 어느 때보다 많은 수를 생산하고 있다. 기하급수적으로, 디지털로. 그

리고 수는 유행병처럼 급속히 퍼지고 있다. 수는 삶 구석구석
에, 뇌 깊숙한 곳에 존재한다. 수는 직장으로, 휴가지로, 화장
실로, 잠자리로 당신을 따라간다.

어쩌면 몸속까지 몰래 들어왔는지도 모른다.

2

수와 신체

NUMBERS AND THE BODY

"45는 23이 아니다." 올랜도 매직Orlando Magic의 닉 앤더슨Nick Anderson은 시카고 불스Chicago Bulls와 치른 준결승 1차전 경기가 종료되기 6초 전에 마이클 조던Michael Jordan의 공을 빼앗을 수 있었던 이유를 이렇게 설명했다. 역사적인 순간이었다. 1995년은 마이클 조던이 미국 프로농구 리그 NBA에서 팀을 3년 연속 챔피언 자리에 올려놓고 1년간 휴식기를 가진 후 팀에 복귀한 해였다. 세계 최고의 선수가 세계 최고의 팀으로 돌아온 것이다. 이제 그가 없는 동안 팀이 놓친 타이틀을 되찾아야 할 때였다. 하지만 닉 앤더슨은 마이클이 마지막 슛을 날리려는 순간 공을 빼앗았다. 닉은 팀 동료 호러스 그랜트Horace Grant에게 공을 패스했고, 그는 덩크슛을 성공시켜 2점을 획득하며 올랜도 매직을 승리로 이끌었다.

닉 앤더슨은 "상대가 23번이었다면 절대 할 수 없었을 것"이라고 말했다. 시카고 불스가 세 번 우승했을 때 마이클 조던이 달고 있던 등번호를 언급한 것이다. 마이클 조던은 복귀하면서 23번이 아닌 45번을 선택했다. 그는 더 이상 세계 최고의 팀에 속한 세계 최고의 선수가 아니었다. 시카고 불스는 준결승에서 탈락했다.

다음 시즌 마이클은 등번호를 23번으로 바꾸고 다시 한번 세계 최고의 선수 자리에 올랐다. 그리고 시카고 불스는 또다시 3연패를 달성했다.

등번호가 마이클 조던을 세계 최고의 농구 선수로 만들었다는 것은 수에 너무 큰 의미를 부여하는 일일 것이다. 하지만 이쯤이면 당신은 인간이 수에서 큰 의미를 읽어내려는 경향이 있으며, 상상할 수 있는 모든 배경에서 수의 영향을 받는다는 사실을 알게 되었을 것이다. 특히 미국의 경우, 스포츠는 수로 가득 차 있다. 팬, 방송 매체, 베팅 회사가 온갖 것에 관련된 통계를 수집한다.

예를 들어 마이클 조던이 등번호 45번을 달았을 때 경기당 평균 득점이 27.5점이라는 통계도 있다. 나쁘지 않은 성적이다. 하지만 등번호 23번일 때 거둔 31점보다는 상당히 낮은 점수다. 등번호가 낮은 선수의 경기당 평균 득점이 등번호가 높은 선수보다 많다는 통계도 있다.

하키는 점수와 등번호의 관계가 정반대다(역대 득점 순위 1위인 웨인 그레츠키Wayne Gretzky의 등번호는 99번이었고, 보통 득점을 거의 하지 않는 골키퍼의 등번호는 1번이다). 통계에 따르면 NBA에서는 50번 미만의 등번호를 선택하는 것이 낫고(평균 득점이 가장 높은 31번이라면 금상첨화), 내셔널 하키 리그National Hockey League에서는 50번 이상(평균 득점이 가장 높은 번호는 91번)이 좋다. 두 리그 모두 거의 모든 선수가 짝수 대신 홀수 등번호를 선호한다는 공통점이 있다.

여기에서도 홀수는 보다 남성적인 것으로, 짝수는 보다 여성적인 것으로 인식되는 현상이 두드러진다. 이 점을 고려하면 아마도 남자 선수들은 대개 홀수를 선택할 것이다. 물론 예외도 있다. 축구에서 인기가 가장 많은 등번호는 10번이다. 여기에는 1958년 월드컵에서 브라질이 스웨덴을 물리치고 우승했을 때 전설적인 선수 펠레Pelé가 처음으로 이 등번호를 달았다는 상징적 의미가 있다. 펠레는 실수로 이 등번호를 얻게 되었다. 당시 등번호는 경기장 내 선수의 포지션과 관련이 있었고, 10번은 미드필더의 등번호였지만 펠레는 공격수였기 때문이다. 월드컵 우승 후 펠레는 등번호를 변경하길 거부했고, 그 뒤는 우리가 아는 대로 되었다. 그럼에도 의문이 남는다. 수가 심리적 수준은 물론이고 신체적 수준에까지 영향을 주는 것이 정말 가능할까?

이번 장에서는 수가 인간의 몸에 어떻게 침입해 힘, 노화, 움직임에 영향을 미치는지 자세히 살펴볼 것이다. 사실 인간은 지구상의 다른 동물과 공유하는 뇌의 원시적 부분을 수에 자동적으로 반응하도록 다시 프로그래밍했다. 그렇다, 우리는 수의 동물이 되었다.

마의 한계

한 연구에서 미국 대학 풋볼 팀 선수들을 대상으로 내셔널 풋볼 리그National Football League의 프로 선수들이 사용하는 전통적인 근력 테스트를 실시했다. 225파운드(약 102킬로그램) 중량으로 벤치프레스를 하는 것이다. 선수들은 3주에 걸쳐 이 테스트를 세 번 받았다. 놀랍게도 평균적으로 선수들이 역기를 들어 올린 횟수는 매번 같았다(달리 말해 이 풋볼 선수들 중 근력이 기적적으로 증가한 선수는 없었다). 하지만 선수들이 모르는 사실이 하나 있었다. 세 번의 실험 중 한 번은 무게가 215파운드(약 97.5킬로그램)였던 것이다. 연구진은 의도적으로 역기 무게를 틀리게 표시해두었다. 따라서 선수 중 절반은 첫 주에는 정확한 무게의 역기를, 다음 주에는 더 가벼운 역기를 들었다. 나머지 절반은 더 가벼운 역기를 먼저 든 뒤, 둘째 주에 정확한 무게의 역기를 들었다. 두 그룹 모두 역기를 든 횟수는 같았다. 이는 벤치프레스의 실제 무게가 전혀 영향을 미치지 않았다는 것을 의미한다. 225파운드든 215파운드든 무게는 상관없었다. 어느 쪽이든 선수들은 같은 횟수를 들어 올렸다. 수는 쇠보다 더 무거운 것이 분명하다. 최소한 10파운드(약 4.5킬로그램) 이상 말이다.

수가 쇠보다 무거울 수 있다는 것은 역기의 무게를 95킬로그램에서 97.5킬로그램으로 올리는 것보다 97.5킬로그램에서 100킬로그램으로 올리는 것이 훨씬 더 어렵게 느껴지는 이유도 설명해준다. 무게의 차이는 똑같은 2.5킬로그램이지만 앞자리가 9에서 10으로 바뀌면 수의 차이가 더 크게 느껴진다. 당신도 체육관에서 이런 경험을 한 적이 있지 않은가? 뛰어넘는 것이 거의 불가능하게 느껴지는 수를 '스티킹 포인트sticking point', 혹은 '마의 한계magic boundary'라고 한다. 하지만 어떻게든 그 지점을 넘어서면 다음에 다시 도달하기가 한결 쉬워진다. 그것은 당신의 발전에 영향을 주는 수다. 노르웨이와 스웨덴에서 벤치프레스를 하는 사람은 100킬로그램에서 마의 한계를 경험하지만, 미국인은 102.27킬로그램(225파운드)에서 한계를 경험할 것이다.

> 몇 년 동안 내가 중점을 둔 목표는 200킬로그램 데드리프트였다. 190킬로그램까지 무게를 꾸준히 늘렸지만 그 지점에서 더 나아가지 못했다. 200킬로그램을 들어 올리려 할 때마다 바가 땅에 붙은 것 같았다. 실망해서 무게를 190킬로그램으로 낮추면 문제없이 들어 올릴 수 있었다. 때로는 두 번, 세 번 연속으로 들어 올릴 수 있었다. 나는 그 수준에서 꽤 오래 머물렀다(그 사이 195킬로그램과 197.5킬로그램도 시도해보았는데, 성공할 때도 아닐 때도 있었다).
>
> 어느 날 체육관에서 한 남자가 데드리프트를 끝도 없이 하고 있기에 차례를 바꿔달라고 부탁했다. 바에 180킬로그램에 해당하는 중량판이 있는 것을 보았고 그날은 그 정도 무게로 충분하겠다고 생각했다. 서너 번 들어 올릴 생각이었지만 첫 번째부터 너무 힘들고 무거워서 그것에 만족해야 했다. 이후 다른 남자가 중량판 빼는 것을 돕다가, 내가 10킬로그램이라고 생각했던 중량판이 실제로는 20킬로그램이었다는 것을 알게 되었다(보통 가장자리에 있는 파란색이 닳아서 10킬로그램 판처럼 검은색으로 변해 있었다). 나는 정확히 200킬로그램을 들어 올린 것이었다.
>
> 미카엘

수와 노화

나이는 숫자일 뿐이라고들 한다. 그 표현에는 어느 정도 진실이 담겨 있다. 몸은 자신이 몇 살인지 알지 못하니까 말이다. 해부학 교수 레너드 헤이플릭Leonard Hayflick에 따르면 신체에는 특정 연령 하나만 있는 것이 아니라 동시에 여러 연령이 존재한다고 한다. 알다시피 신체는 제각기 다른 속도로 분열하고 재생하는 많은 세포로 이루어져 있다. 그 속도는 신체 부위와 기관, 사람마다 다르다. 각 세포의 유일한 공통점은 스스로 재생할 수 있는 횟수다. 헤이플릭은 신체의 세포 다수가 분열 최대치(헤이플릭 한계Hayflick limit라고 한다)에 도달하면 인간이 죽는다는 사실을 발견했다.

그러나 우리 몸이 각기 분열과 재생 속도가 다른 다양한 세포로 이루어져 있다고 해도, 대부분은 해마다 거의 같은 속도로 늙는다. 아마도 우리가 나이를 측정할 때 같은 수를 사용하는 것(태어난 때로부터 지난 햇수를 헤아린다)이 이유 중 하나일 것이다.

안타깝게도 정말 그런지 실험할 수는 없다. 우리는 모두 같은 수로 나이를 측정하기 때문에 같은 속도로 나이를 먹는 것이 진실인지 확인하려면 나이를 햇수로 측정하는 사람과 그러지 않는 사람을 비교해야 할 테지만 이것은 불가능하다. 나이를 햇수로 측정하지 않는 사람들이 존재하기는 한다. 예를 들어 아마존의 문두루쿠Munduruku족은 5까지만 셀 수 있다. 하지만 헤이플릭 한계를 향해 다양한 속도로 나아가는 모든 세포를 기준으로 얼마나 오래 살았는지 신체 연령을 판단하기란 극히 어려울 것이다. 또 다른 방법은 실제보다 나이가 많거나 적다고 사람들을 속여 어떻게 나이를 먹는지 관찰하는 것이지만, 임상실험 심사위원회는 이런 실험을 승인하지 않을 것이다.

다행히 사람들은 자신을 속이는 데 능숙하다. 스스로에게 달력이 말하는 것과 다른 나이라고 이야기할 때, 그 나이를 '심리적 나이psychological age'라 부른다.

여러 연구에서 연구자들은 심리적 나이와 사람들의 일반적인 보행 속도를 비교했고, 모든 연구에서 동일한 결과가 나타났다. 개인이 인식하는 심리적 나이가 어릴수록 더 빨리 걸었다. 여기에서 특히 흥미로운 점은 보행 속도가 사람들의 생물학적 나이와 남은 수명을 측정하는 간단한 역학 지표로 자주 사용된다는 것이다. 보행 속도는 혈액순환과 호흡기부터 근육, 관절, 골격에 이르는 모든 요소의 영향을 받으며, 따라서 보행 속도 측정은 신체의 총 생명력을 요약해서 보여주는, 수십만 명에 대한 수명 측정을 통해 매우 정확하다고 입증된 방식이다. 즉 걷는 속도가 느릴수록 죽음이 당신을 빨리 따라잡는다는 것이다.

심리적 나이는 당연히 걷는 속도에 영향을 미친다. 실제로 신체적으로 더 젊은(그래서 더 빨리 걷는) 사람들은 그 때문에 더 젊게 '느낄' 것이기 때문이다. 그러나 심리적 연령이 각기 다른 사람들의 걷기 속도를 비교한 한 연구의 연구자들은 사람들이 걷기 전에 나이를 말하도록(그래서 나이를 상기하도록) 했을 때만 연관성을 발견했다. 심리적 나이에 따라 걷는 속도가 달라진 것이다. 이는 실험 참가자들이 온라인 게임 환경에서 디지털 아바타를 안내할 때 아바타의 나이가 많아질수록 느린 속도로 안내하고, 실험실을 떠날 때 자신 역시 더 느리게 걷는 이유도 설명해준다.

수만 명을 대상으로 진행한 연구에서는 심리적 나이가 달력상의 나이와 마찬가지로 기억력과 인지 기능부터 신체의 건강, 쇠약한 정도, 사망률에 이르기까지 노화와 관련된 모든 사항에 영향을 미친다는 사실이 밝혀졌다. 따라서 몇 살인지, 얼마나 오래 사는지는 자신이 나이에 부여하는 수에 영향을 받는다.

이것이 나이에 마의 한계가 있는 이유다. 우리가 들어 올릴 수 있는 무게에 영향을 미치는 바로 그 마의 한계가 노화 속도에도 영향을 미친다.

나이 드는 것이 아프고 힘든 일이라는 것은 비밀이 아니다. 인간은 30세, 40세, 50세 같은 마의 한계를 넘기면서 실존적 위기를 맞는다. 남성은 더 그렇다. 할리데이비슨Harley-Davidson을 사는 사람이 있는가 하면, 불륜을 저지르는 사람도 있고, 갑자기 운동에 중독되는 사람도 있다.

내가 중년에 겪은 위기는 생애 최초로 마라톤을 완주하는 것이었다. 스톡홀름의 어느 덥고 화창한 날, 출발선에 선 사람들 사이에서 가장 먼저 눈에 띈 것은 많은 주자가 나와 닮은, 40~50대를 약간 넘긴 필사적인 남자들이라는 점이었다. 어떤 사람은 '50세, 아직 잘나감50 and still hot'이라는 문구가 적힌 약간 작은 티셔츠를 입고 있었다.

믿기 힘든 고통 속에서 마라톤을 마치고(다시는 안 해!) 비틀거리며 호텔로 돌아온 나는 바로 통계를 찾아냈다. 놀랍게도 마라톤을 하는 사람 중에는 30세, 40세, 50세를 갓 넘긴 사람들이 무척 많았다. 남성 마라토너 중 가장 흔한 나이는 50세이고, 여성의 경우 30세였다. 성별에 관계없이 이 정표가 되는 나이(30세, 40세, 50세, 60세)인 주자의 비중이 가장 컸다. 230만 명 이상의 마라토너를 대상으로 한 통계는 이정표가 되는 나이를 맞이한 러너의 비율이 13.3%로 대단히 높다는 것을 보여준다. 이들의 몸 상태가 좋은지는 다른 문제지만 말이다.

내 기록은 공개하지 않을 생각이다. 다만 내가 할 수 있는 말은 '50세, 아

사람들이 늙었다는 느낌을 가장 크게 받는 때는 언제일까?

42세가 되었을 때?

40세가 되었을 때?

40이나 50 같은 '마'의 한계를 지날 때 우리는 실제로 어떤 반응을 보이는가? 갑자기 훨씬 늙어버렸다는 느낌을 받는가? 자신의 몸을 달리 보게 되는가? 정말 이상한 주제에 대한 연구가 많다는 것을 생각하면 분명 누군가 이런 연구도 했을 법하다. 하지만 아무도 하지 않았다. 그래서 스톡홀름 마라톤에서 영감을 받은 우리가 연구를 진행하게 되었다.

다양한 연령에서 무작위로 선정한 수백 명에게 질문지를 보내 실제로 얼마나 나이 들었다고 생각하는지(심리적 나이), 건강 상태가 어떤지 물었다. 그리고 30, 40, 50 등 분수령에 있는 사람들과 다른 연령 사람들을 비교했다.

우리가 어떤 발견을 했을지 추측해보라. 우선 거의 모든 사람이 자신이 실제 나이보다 어리다고 느꼈다. 심리적 나이는 '젊은' 사람이든 '나이 든' 사람이든 실제 나이보다 일관되게 어렸다. 이는 그리 이상한 일이 아닐지도 모른다. 사람들은 자신이 젊고 활력 있다고 느끼고 싶은 욕구를 지니고 있으니 말이다. 심리적 나이는 신체 나이보다 평균 8.4세 어렸다. 우리는 스스로가 실제보다 상당히 젊다고 느낀다.

재미있는 점은 나이가 0으로 끝나는 사람, 40세나 50세를 갓 넘긴 사람은 그해만큼은 다른 해에 비해 상대적으로 나이가 더 많다고 느낀다는 것이다. 실제 나이에서 심리적 나이를 뺄 경우, 이정표가 되는 나이인 사람과 그렇지 않은 사람 사이에 체계적 차이가 드러난다. 이정표가 되는 나이인 사람들은 실제 나이보다 평균 6세 젊다고 느낀다. 달리 표현하자면, 다른 해보다 2.4세 더 나이 들었다고 느끼는 것이다. 그리고 자신의 뇌 나이가 몇 살이라고 생각하느냐는 질문에 평균적으로 다른 사람들보다 3세 더 많은 나이라 답했다.

> 아내의 39세 생일 일주일 전, 나는 아내에게 생일에 무엇을 하고 싶으냐고 물었다. 아내는 "마흔이 되는 거니까 큰 파티를 해야 하지 않을까?"라고 답했다. 내가 39세가 되는 것이라고 지적하자, 아내는 눈을 동그랗게 뜨더니 웃음을 터뜨렸다. "난 벌써 서른아홉인 줄 알았어!" 다음 날 그녀는 안경을 맞추기 위해 예약했던 시력검사를 취소했다.
>
> 미카엘

우리는 나이에 꽤 집착하며, 그 숫자는 분명 우리에게 영향을 미친다. 하지만 인간의 수명을 햇수로 따지는 것이 정말 옳은 일일까? 차라리 일수로 계산하는 것이 더 현명하지 않을까? 그것은 우리의 인생관에 어떤 식으로 영향을 미칠까?

우리는 이것도 실험해보았다. 1,000명에게 평균수명이 얼마나 되는지 추측하게 한 뒤 일 혹은 연으로 나이를 표시한 여러 선택지를 제시했다. 그 뒤 자신의 삶이 얼마나 의미 있다고 생각하는지 물었다. 시간의 길이만 같으면 선택지가 일로 표시되었든 연으로 표시되었든 영향을 받지 않아야 마땅하다. 게다가 삶의 의미에서 중요한 것은 시간의 길이가 아니라 그 시간으로 무엇을 하느냐다. 표현은 문제가 되지 않는 것으로 밝혀졌다. 적어도 말로 표시된 선택지(삼만 일, 팔십오 년)를 본 사람들에게 말이다. 흥미롭게도 수로 표시된 선택지(30,000일, 85년)를 본 사람들은 자신의 나이가 연이 아닌 일로 표시되었을 때 자신의 삶이 더 의미 있게 느껴진다고 생각했다.

실제 나이는 이정표가 되는 나이일 때만 영향을 미치는 것이 아니다. 우리는 일상에서 그 수(21세, 47세, 69세, 85세 등과 같이 보통 수로 표시된다)를 반복해서 떠올리므로 그것이 결과에 영향을 준다.

앞서 우리가 얼마나 늙었다고(젊다고) 느끼는지 상기시키는 것이 보행 속도에 영향을 미칠 수 있다는 결과를 얻은 연구에 대해 이야기했다. 이 연구에서는 심리적 나이를 상기시켰지만, 실제 나이를 상기시키면 어떻게 될까? 이 역시 이전에 그런 연구가 없었기 때문에 우리가 직접 해보았다.

우리는 2,000명 이상의 사람들에게 가능한 만큼 팔굽혀펴기를 해달라고 요청했다. 절반은 팔굽혀펴기를 한 후에 자신의 나이를 적도록 하고, 나머지 절반은 팔굽혀펴기를 하기 전에 자신의 나이를 적도록 해 나이를 상기하도록 했다. 당연하게

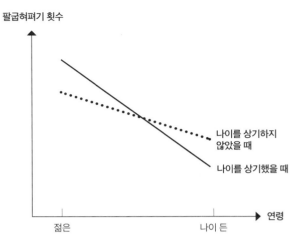

팔굽혀펴기 횟수

나이를 상기하지
않았을 때

나이를 상기했을 때

젊은   나이 든   연령

도 젊은 사람이 나이 든 사람보다 팔굽혀펴기를 더 많이 했다. 팔굽혀펴기를 한 후 나이를 적을 경우, 중위 연령 이하인 사람과 그 이상인 사람 사이의 팔굽혀펴기 횟수는 평균 25% 차이 났다. 그러나 팔굽혀펴기를 하기 전 자신의 나이를 적었을 때는 그 차이가 50%에 가까웠다. 참가자에게 자신의 나이를 상기시키자 젊은 참가자와 나이 든 참가자의 차이가 거의 2배로 커졌다(참가자가 보고한 느낌에서도 같은 결과가 나왔다).

수가 노화와 팔굽혀펴기 횟수에 영향을 미친다는 사실은 개인적 차원에서는 흥밋거리로 끝나지만, 사회적 차원에서는 상당히 염려스럽다. 요즘 나이를 언급하는 일이 얼마나 많은지 생각해보라.

• 마케팅 조사, 여론조사, 인구조사 등 무엇이든 물을 때는

나이에 대한 질문이 나올 가능성이 높다(그리고 나이에 비추어 답변을 검토한다).

- 데이트 앱 프로필에도 나이를 입력해야 한다. 다른 사람의 프로필을 볼 때도 나이를 필터로 사용한다.
- 건강검진을 받을 때마다 나이를 알려야 한다. 심박 수와 맥박부터 기분과 활동 수준까지 모든 것을 추적하는 많은 건강 관련 앱에서도 마찬가지다.
- 크로스핏 게임이나 경주 같은 스포츠 행사에 참가하려면 연령 그룹에 가입하라는 요청을 받을 가능성이 높다.

채용 과정에서부터 스포츠 팀 선발에 이르기까지 모든 분야에서 고령자가 차별받고, 나이가 많아질수록 자신이 더 느려지고, 더 약해지고, 운동 능력이 떨어진다고 느낄(그리고 실제로 그렇게 될) 위험이 있는 사회에서, 노인 차별이 점점 심각한 문제가 되어가는 것은 당연한 일이다. 이정표가 되는 나이에 가까워질 때마다 연령집단의 격차가 커지면서 서로를 점점 이질적으로 느끼고 어울리지 않으려는 경향이 강해지는 것 같다(그런데 데이트 앱에서 31세가 38세를 거부하는 것보다 37세가 41세를 거부하는 경향이 더 강하다는 것은 이상하다. 그렇지 않은가?). 2020년 45개국의 수백만 명을 대상으로 한 대규모 메타 연구는 노인 차별로 노인의 돌봄과 취업 기회가 체계적으로 감소하고 있으며, 이는 다른 사람들과의 상호작용 감소, 신체적·정신적 건강의 악화, 수명 단축으로 이어진다는 것을 보여주었다.

SNARC의 탓

수가 신체의 건강이나 노화에 영향을 미치는 것은 정신 신체 의학psychosomatics의 한 예다. 수는 우리로 하여금 신체soma에 영향을 미치는 다양한 방식으로 생각psycho하게 만든다. 이것만이 아니다. 수는 우리가 수에 대해 생각하기도 전에 본능적으로 우리에게 영향을 미친다.

1에서 4 사이의 작은 수는 우리를 왼쪽으로 더 쉽게 움직이게 만들고, 6에서 9 사이의 큰 수는 오른쪽으로 더 쉽게 움직이게 만든다. 이를 보여주는 재미있는 실험이 꽤 많다. 예를 들어 사람들에게 임의의 수를 말하면서 걷게 한 뒤 갑자기 어느 쪽으로든 방향을 돌리라고 하면, 직전에 작은 수를 말한 사람들은 왼쪽으로 돌아서고, 큰 수를 말한 사람들은 오른쪽으로 돌아서는 경향이 있었다. 마찬가지로, 방금 왼쪽으로 돌았던 사람들은 작은 수를 말하는 경향이 더 강했고, 오른쪽으로 돌았던 사람들은 큰 수를 택했다. 걷기, 달리기, 날아오는 물건 잡기를 하는 사람들이 다른 방향으로 얼마나 빨리 움직이는지에 관련해서도 같은 효과가 나타났다.

오른손이든 왼손이든 관계없이, 손으로 무언가를 잡는 능력도 수의 영향을 받는다. 수를 보고 들을 때면 손과 손가락의 근육이 자동으로 반응한다. 작은 수는 손을 약간 수축하게 하고, 큰 수는 손을 약간 벌어지게 하는 것이다. 이는 사람 손에 전극을 부착해 그 사람에게 물건을 던진 후 잡을 수 있는지 보면서 근육 활동을 측정하는 방식으로 실험했다.

연구자들은 이처럼 수가 제어해 우리의 신체와 우리가 응시하는 방향에 영향을 주는 동작 패턴을 공간-수 관계 반응 코드Spatial-Numerical Association of Response Codes(심척)의 약자인 SNARC라고 부른다. 우리는 뒤로 움직일 때는 작은 수를, 앞으로 움직일 때는 큰 수를 생각하는 경향이 있다. 마찬가지로 큰 수를 생각할 때는 위로 더 빠르게 움직이고(걷고), 작은 수를 생각할 때는 아래로 더 빠르게 이동한다.

수 1, 2, 3 등을 생각할 때 우리는 수직선 위에서처럼 1이 왼

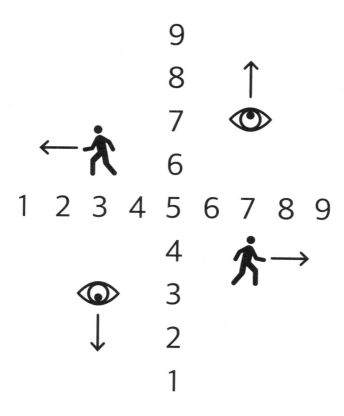

쪽에 있고 오른쪽으로 2, 3부터 10까지 늘어선 것을 마음의 눈으로 보고 있다. 10에서 1까지 거꾸로 셀 때는 내면의 눈이 아래쪽을 향한다. 이런 경향은 수를 거꾸로 헤아리는 것을 왜 '카운트다운'이라고 하는지, 왜 오름차순, 내림차순이라고 말하는지 설명해준다.

SNARC는 공간에 대한 사람의 이해와 수에 대한 이해가 연관되어 있다는 사실을 지적한다. 이제 이야기는 점점 재미있어진다. 공간과 수를 연결하는 것은 뇌의 전두엽 바로 뒤에 있는 마루엽속고랑Intraparietal Sulcus, IPS이라는 작은 부위다. 뇌 스캔을 통한 연구는 수를 보거나 생각할 때 IPS가 활성화된다는 것을 보여준다. 깊이와 거리를 가늠할 때도 마찬가지다. 다른 방향으로 주의를 돌릴 때도 그렇다. 반사적으로 손을 움직이거나 반응할 때도.

따라서 수는 신경학상으로 많은 기초 신체 행동과 연결되어 있으며, 우리는 거의 본능적으로 수에 반응하고 있다. 연구자들은 때때로 IPS의 뇌세포를 '수 뉴런number neuron'이라고 부른다. IPS의 뇌세포는 수에 반응하며, 단어에 반응하는 데 걸리는 시간보다 훨씬 빠르게 수에 반응하도록 만들어져 있는 것 같다.

아마도 이는 뇌가 수를 우리의 타고난 생존 본능과 연결한다는 사실과 관련이 있을 것이다. 우리는 주변 사물의 크기와 수라는 형태로 서로 다른 양을 구분하는 능력을 지니고 태어난다. 아기는 생후 4일이면 큰 블록과 작은 블록의 차이, 1개 블록과 2개 블록 혹은 2개 블록과 3개 블록의 차이를 구분할 수 있는 것처럼 보인다. 생후 6개월이면 수를 해석한다. 따라서 북소리를 3번 들은 아기는 자동으로 점 2개가 있는 그림이 아닌 점 3개가 있는 그림을 본다. 또 누군가 눈앞에 있는 블록의 개수를 바꾸거나 보고 있는 사물의 크기가 바뀌면 즉시 반응한다.

유인원도, 고양이도 마찬가지다. 유인원이나 고양이로 하여금 2개의 공을 보게 한 후 연구자가 시야를 막고 공을 치우거나 추가한 재미있는 실험이 있었다. 시야를 막은 가리개를 제거하면, 유인원과 고양이는 충격받은 듯한 표정으로 자기 눈을 의심하는 것 같은 모습을 보인다. 수와 크기에 얼마나 반응하는지는 적을 빠르게 판단하거나 은신처와 먹이에 접근하는 등의 문제에서 생과 사의 차이를 의미할 수 있다.

그것이 인간만이 수를 셀 수 있는 것이 아닌 이유를 설명해준다. 수를 세는 것은 동물적 본능인 듯하다. 연구자들은 유인원과 고양이는 물론 비둘기와 쥐(모든 연구소에서 가장 선호하는)에게도 2개의 먹이를 더하면 보상으로 먹게 해주는 방식으로 수 세는 법을 가르쳤다. 하버드대학교의 아이린 페퍼버그Irene Pepperberg는 몇 년간의 훈련을 통해 앵무새 알렉스에게 6까지 세는 법을 가르쳤다.

하지만 알렉스와 다른 동물들이 대상(공, 씨앗, 사탕, 단어)의 양을 헤아리는 데 그치는 반면, 인간은 4세부터 수를 사용하고 반응하는 독특한 능력을 개발해 우리를 다른 동물과 차별화한다. 우리는 읽고 쓸 수 있게 되기 훨씬 전부터 수를 배우고, 수를 헤아리는 손가락과 연결하고, 동물적 본능을 수와 크기에 반응하도록 인도하는 뇌의 영역에 특정한 수 뉴런을 만들기 시작한다.

달리 말해, 우리는 수가 어떤 것에 관계되었든 가리지 않고 모든 수에 생사의 문제가 달린 것처럼 자동적으로 빠르게 반응하도록 뇌를 프로그래밍한다.

이런 면에서 보면 수가 우리를 더 강하게도, 약하게도, 젊게도, 늙게도 만드는 등 신체적으로 영향을 주고 다른 방향으로 움직이도록 하는 것은 그리 이상한 일도 아니다. 수는 우리가 알지도 못하는 사이에 많은 다른 방식으로, 많은 다른 맥락에서 우리에게 영향을 준다. 마찬가지로 수는 도움이 되기도, 그만큼 우리를 좌절하게 만들 수도 있다. 우리가 결코 연결을 의도하지 않았던 것과 본능적이고 동물적인 반응을 연결하기 때문이다.

하나, 둘, 셋, 다음은 많다?

우리는 수 때문에 그것이 아니었다면 알아차리지 못할 변화와 차이에 민감하게 반응하게 된다. 5까지만 셀 수 있는 아마존의 문두루쿠족을 예로 들어보자. 인류학자들이 이들을 찾아가 두 더미의 곡물 중 크고 작은 것을 선택하는 등의 문제를 풀도록 했다. 두 더미 모두에 곡물이 5개 이하라면 문제가 없었지만, 그 이상이 들어 있으면 문두루쿠족은 정확히 선택하는 데 상당히 애를 먹었다. 한 더미가 다른 더미보다 2배는 커야 어느 것이 더 큰지 확실하게 파악할 수 있었다. 연구자들이 곡물 더미에서 곡물을 더하거나 뺄 때도 같은 일이 일어났다. 곡물 더미에 곡물이 5개 이상 있을 때 문두루쿠족 사람들은 어떤 변화가 있는지 확신하지 못했다.

아마존의 다른 지역에 사는 피라항Pirahã족이 아는 수는 1과 2뿐이다. 인류학자들은 그들에게 여러 개의 선이 그려진 종이를 보여준 뒤 같은 수의 선을 그려달라고 요청했다. 제시된 선이 1개나 2개일 때까지는 아무 문제도 없었다. 이후 과제가 점점 더 어려워졌고 5개까지 선을 그린 사람은 과제를 받은 사람들 중 절반뿐이었다.

또 다른 실험에서 연구진은 견과를 넣은 깡통을 기울여 피라항족 피험자들이 안을 들여다보고 견과가 몇 개 있는지 확인할 수 있도록 한 뒤 다시 깡통을 움직여 그들이 안쪽을 볼 수 없게 했다. 이후 연구진은 견과를 한 번에 하나씩 꺼내면서 피험자들에게 깡통이 비었다고 생각할 때 이야기해달라고 요청했다. 캔에 견과가 1~2개뿐일 때는 모든 피험자가 정확하게 추측했지만, 견과가 5개일 때는 19명 중 4명만 캔이 비는 때를 맞혔다. 견과가 6개일 때는 10명 중 1명만 정답을 맞혔다.

문두루쿠족이 우리보다 더 천천히 늙는지 알 방법은 없지만, 문두루쿠족과 피라항족은 분명 우리처럼 나이 때문에 불안해하지는 않을 것이다. 나이를 햇수로 세더라도 대략 5세에서 멈추고 그 이후의 차이에는 그리 민감하지 않을 테니 말이다. 그들은 차이를 세고 확인하도록 수 뉴런을 프로그래밍하지 않기 때문에 인스타그램의 좋아요 수에 스트레스를 받거나 견과에 욕심을 부리지 않을 것이다.

수를 헤아리는 얘기가 나와서 말인데, 마이클 조던과 그의 등번호에 정확히 무슨 일이 있었던 것일까?

조던이 45번 등번호를 달았을 때 득점수가 적었던 이유에 대한 가장 유력한 설명은 그가 1년간 선수 생활을 쉬면서 기량이 녹슬었을 때 45번을 달았고, 다시 23번으로 바꿀 즈음에는 예열이 끝나 세계 최고의 기량을 되찾았다는 것이다.

이 장에서 배운 내용은 수 백신 역할을 할 수 있을 것이다.

1 우리는 수의 동물이며 우리가 인식하든 인식하지 못하든 수의 영향을 받는다. 그런 이유로 자신과 타인 모두를 위해 수에 주의를 기울여야 한다.

2 수에 본능적으로 반응하는 때를 잠시 생각해보라. 수는 실제로 어떤 의미인가? 오늘날에는 수가 생존, 그날의 먹거리, 친구와 적을 구분하는 문제인 경우가 거의 없다.

3 마의 한계는 실제로 존재하지 않는다는 것을 상기하라. 39와 40의 차이는 38과 39 혹은 33과 34의 차이와 다르지 않다.

4 수가 당신의 나이, 힘, 당신이 누구인지 결정하도록 내버려두지 마라. 손을 놓는다면 수가 그런 결정을 하게 될 것이다. 당신의 수는 당신 스스로 결정하라.

5 다음에 농구를 할 때는 가능한 한 등번호의 수가 낮은 유니폼을 선택해 상대방이 본능적으로 약간 몸을 왼쪽으로 틀고 오른쪽으로 드리블하도록 하라. 분명 효과가 있을 것이다.

이런 수 백신을 통해, 수가 당신과 다른 사람의 신체적 자아에 미치는 영향을 인식하고 더 잘 대처하기를 바란다. 인식에 대해 더 말해보자면, 수가 우리의 심리적 자아에 어떤 영향을 미치는지 생각해본 적이 있는가?

3

수와 자아상

NUMBERS AND SELF-IMAGE

2020년 4월 17일, 18세의 누르 이크발Noor Iqbal과 그의 아버지 파르베즈 이크발Parvez Iqbal은 인도 뉴델리 외곽 노이다에 있는 그들의 집에서 함께 점심을 먹었다. 채소를 사러 나갔다가 집에 돌아온 파르베즈는 문이 잠겨 있고 안쪽에 빗장이 걸려 있는 것을 발견했다. 그는 경찰의 도움을 받아 문을 부수고 들어가 목숨을 잃은 누르를 발견했다. 경찰은 조사를 통해 이 10대 소년이 틱톡TikTok 동영상에 달린 좋아요 수가 너무 적어 우울증에 걸렸고 결국 스스로 목숨을 끊었다는 결론을 내렸다.

안타깝게도 이런 사례는 누르뿐만 아니다. 영국 란체스터에 사는 19세의 클로이 데이비슨Chloe Davidson은 사진 모델이 꿈이었다. 그녀가 2019년 12월에 스스로 목숨을 끊은 데는 소셜 미디어에 올린 사진의 좋아요 수가 너무 적다는 이유도 있었다. 이와 유사한 여러 사례가 있다. 불행 중 다행으로 그렇게 흔한 일은 아니지만, 이런 사건은 다른 사람들의 평가가 극도로 눈에 띄고, 공개적이며, 측정 가능할 때 최악의 경우 어떤 일이 벌어질 수 있는지 분명히 보여준다.

자살은 미국 10대의 사망 원인 중 13%를 차지하며, 좋아요, 하트, 공유, 조회 수, 팔로어 수 등 소셜 미디어의 새로운 통화가 많은 자살 사건에서 한몫을 차지한다. 좋아요 수가 적은 것만으로 사람이 죽을 가능성은 낮다. 하지만 개인의 인기와 가치에 대한 그런 극단적 정량화는 기존의 심리적·사회적 메커니즘을 강화할 수 있다. 좋아요 수는 연약한 자아상이나 부풀려진 자아상 모두를 증폭시켜 단 몇 시간 또는 몇 분 만에 자아를 파괴할 수도, 강화할 수도 있다. 자신에 대한 수에 노출된다는 것은 약한 사람은 더 약해지고 강한 사람은 더 강해진다는 것을 의미한다.

여전히 세계 최대의 소셜 네트워크 자리를 지키고 있는 페이스북에서는 하루에 50억 개 이상의 좋아요가 생성된다. 분당 400만 개 수준이다. 인스타그램 이용자들은 1분마다 약 200만 개의 친구 및 지인 이미지에 좋아요를 누른다. 이런 모든 이미지와 게시물에는 좋아요 수가 명확하게 표시되며 누구나 휴가, 자녀, 취미, 저녁 식사, 해변에서 드러낸 몸매가 얼마나 인기가 많은지 혹은 적은지 알 수 있다.

그런데 이런 수는 자아상이나 자신감과 어떤 관련이 있을까? 그리고 소셜 미디어 외 다른 곳에서 우리가 끊임없이 접하는 다른 모든 수는 또 어떨까? 보통예금 계좌의 잔액, 적립한 멤버십 보너스 포인트, 맥박, 오늘 걸은 걸음 수를 아는 것이 당신에게 어떤 영향을 미칠까? 우리는 종일 다양한 앱과 디지털 인터페이스를 통해 자신의 수와 업적, 측정된 성과 같은 정보를 접한다. 이들이 우리의 자아상과 정체성에 생각보다 많은 영향을 미치고 있는 것은 아닐까?

맥박과 돈

아주 오래전 인터넷, 스마트폰을 비롯한 다양한 연결 기기가 등장하기 전에는 자신과 타인을 측정할 수 있는 수나 정량화할 수 있는 단위가 적었다. 다른 사람의 나이, 자녀 수, 팔과 다리 개수 정도는 알았지만, 그 외의 특성을 알아내려면 추정하거나, 짐작하거나, 다른 사람과 논의해야 했다. 마찬가지로 자신에 대해 알고 있는 명백한 사실도 훨씬 적었다. 우리 고양이를 좋아하는 사람이 얼마나 많은지, 이번 주에 얼마나 많이 걸었는지, 우리가 신문에 쓴 칼럼을 얼마나 많은 동료가 좋아하는지 알지 못했다. 우리는 자기 정량화의 어둠 속에서 살고 있었다.

그럼에도 매우 유용한 수가 하나 있었다. 바로 모두가 신봉하고 이웃과 우리 자신을 측정하는 중요한 척도 말이다. 수 세기 동안 우리와 함께해온 중요하고, 정량화할 수 있으며, 사회적 가시성을 띠고, 실체가 있는 단위인 '돈'이다.

돈은 언제든 쉽게 비교할 수 있고, 측정하기 간단하며, 사람들에게 매우 중요한 것이었다. 돈은 항상 지위, 자신감, 사회적 자본을 제공해왔고, 온갖 종류의 사람들 사이에서 정량적 비교가 가능한 것이었다(소셜 미디어의 좋아요와 그리 다르지 않다). 그런 이유에서 다른 정량적 단위와 자기 참조 수가 우리에게 어떤 영향을 미치는지 이해하고자 한다면 돈의 심리적 효과와 관련된 연구를 조금 더 자세히 살펴보는 것도 좋을 것이다.

돈을 보거나 돈에 대해 생각하는 간단한 일도 예상보다 더 다양한 방식으로 우리에게 영향을 미친다. 돈 사진을 보거나, 화폐를 집어 들거나, 심지어 가짜 돈을 만지는 것만으로도 사람들의 생각과 행동에 변화가 생긴다. 돈의 영향에 대해 수십 년간 행한 연구(돈을 상기한 사람과 그러지 않은 사람의 행동을 관찰한)는 사람들이 돈 때문에 자신에게 더 집중하고, 자신이 더 강하다고 느끼고, 더 큰 자신감을 얻는다는 것을 명확히 보여준다. 돈에 노출된 사람은 자기 삶에 대한 통제력이 더 강하며, 더 독립적이고, 다른 사람의 도움이 덜 필요하다고 느낀다. 심지어 돈이 죽음을 덜 두려워하게 만든다는 것을 보여주는 연구도 있다. 진짜 돈이든 가짜 돈이든 돈을 보고 집어 든 사람은 돈에 노출되지 않은 사람보다 죽음에 대한 두려움을 덜 느낀다.

　돈을 보고 다루게 되면 다른 사람을 돕고자 하는 자발성이 감소하고, 세상을 더 계산적인 시각으로 바라보며, 보다 둔감해질 수 있다. 무작위로 선발한 개인을 돈에 노출시킨 연구는 그들이 다른 사람들에 비해 배려심이 적고 사교성이 떨어지는 반면, 독립심은 강하고 일을 완수하는 데 관련된 자신감이 높다는 사실을 발견했다. 이런 사람은 그리 매력적으로 보이진 않는다. 일부에서는 세상이 마치 자기 것인 듯 생각하는 부유한 사람들의 전형적 행동에서 영감을 받아 이를 '개자식 효과asshole effect'라고 부른다. 그럼에도 흥미로운 것은 이런 효과가 돈이 많은 사람뿐 아니라 우리 모두에게 해당된다는 점이다. 무작위로 선택한 더없이 평범한 사람들에게 돈의 개념을 상기시켜도 동일한 효과가 나타난다. 그들은 더 계산적으로 변하고, 자신에게 집중하며, 자신감이 커진다.

이것이 우리가 매일 마주하는 다른 수와 정량적 단위의 영향에 대해 이야기해주는 것은 무엇일까? 팔로어 수, 핏빗의 수치도 자신감과 자아상에 비슷한 영향을 미칠 수 있을까? 당신은 어떻게 생각하는가?

이를 알 수 있는 간단한 방법이 있다. 소셜 미디어를 이용하는 사람들의 뇌를 들여다보는 것이다. 이 문제에 호기심을 느낀 우리는 인스타그램 계정이 있는 미국인 300여 명을 대상으로 좋아요 수와 자신감 사이에 어떤 연관성이 있는지 알아보는 연구를 진행했다. 예상대로 좋아요 수와 자신감과 자부심(스스로를 얼마나 잘 관리하고 있다고 생각하는지)은 거의 비슷하게 움직였다. 이 연구에서 인스타그램에 올린 모든 사진의 좋아요 수는 평균 15였다. 이를 기준으로 평균적으로 사진당 좋아요 수가 적은 사람과 많은 사람을 자세히 살피자 흥미로운 패턴을 발견할 수 있었다. 좋아요를 많이 받은 사람은 자신감, 인생에 대한 전반적인 만족감, 독립성과 관련된 결과가 좋아요 수가 적은 사람보다 상당히 높았다. 좋아요를 많이 받은 사람은 보고하는 스트레스 수준도 낮았다.

물론 자신감이 낮고, 스트레스 수준이 높고, 삶에 대한 만족도가 낮은 사람이 아무도 좋아할 것 같지 않은 형편없고 지루한 사진을 찍는 것일 수도 있다. 또는 그런 사람에게 친구가 별로 없는 것일 수도 있다. 그럴듯한 설명은 아니지만 배제할 수 없는 요인이다. 인과관계를 찾으려면 많은 수의 좋아요가 실제로 자신감을 높이고 더 기분을 좋아지게 하고 강해진 듯

한 느낌을 받는 것을 의미하는지 확인하기 위한 약간의 실험
이 필요하다.

그래서 우리는 두 가지 실험을 진행했다. 첫 번째는 운동을
하는 미국인을 대상으로 한 실험이었다. 더 높고 나은 수가 돈
이나 소셜 미디어 같은 외부 상황에서도 자신감을 높이는지
조사하기 위해, 우리는 얼마나 빨리 달리는지와 관련된 수치
에 초점을 맞췄다. 이를 확인하기 위해 참가자들을 약간 속여
야 했다. 운동하는 사람들을 무작위로 세 그룹으로 나누고, 그
중 3분의 1에게는 평균보다 빨리 달렸다고, 3분의 1에게는 평
균보다 느리게 달렸다고 말했다. 마지막 3분의 1은 대조군으
로, 다른 사람들과 비교해 얼마나 빨리 달렸는지 전혀 모르게
했다. 물론 실제로 얼마나 빨리 달렸는지는 세 그룹 사이에 큰
차이가 없었으며, 우리가 그들의 사고를 약간 조작한 것이다.

그래서 어떤 일이 벌어졌을까? 평균보다 빨리 달렸다는 이
야기를 들은 사람은 대조군이나 평균보다 느리게 달렸다고
들은 사람보다 일반적으로 삶에 대한 만족도와 자신감이 높
고, 스트레스 수준이 낮다고 보고했다. 자신이 평균보다 느리
게 뛰었다고 생각한 사람은 다른 두 그룹 참가자와 마찬가지
로 몸 상태가 좋았는데도 갑자기 삶이 버겁고 힘들다는 느낌
을 받았고, 스스로를 관리할 능력이 낮다고 생각했다. 더 재미
있는 이야기가 남았다. 우리는 연구에 참여한 피험자들이 스
스로의 신체적 매력을 어느 정도라고 여기는지도 측정했다.
자신이 다른 사람들보다 빨리 달렸다고 생각한 사람은 갑자기
자신의 신체적 매력을 더 높이 평가했다. 자신이 평균보다 느

리게 달렸다는 잘못된 정보를 들은 사람은 갑자기 자신이 평균보다 조금 더 못생겼다고 생각하게 되었다.

두 번째 실험 역시 미국인을 대상으로 했다. 인스타그램 사용자 400명이 참가한 이 간단한 조사는 온라인으로 진행됐다. 우선 우리는 참가자에게 나이와 성별은 물론 인스타그램 팔로어 수가 얼마나 되는지 물었다. 이후 '우리의 알고리즘'을 통해 참가자의 팔로어 수가 동일한 인구 집단의 다른 사람들보다 많은지 적은지 분석했다고 설명했다. 하지만 그것은 거짓말이었다. 우리에게는 그런 알고리즘이 없었다. 우리는 참가자를 무작위로 두 그룹으로 나누어, 한 그룹에는 같은 인구학적 그룹의 사람들보다 팔로어 수가 39% 더 많다고 알려주고, 다른 그룹에는 팔로어 수가 39% 적다고 알려주었다.

우리가 어떤 사실을 발견했는지 짐작이 가지 않는가? 당신의 예상 그대로다. 팔로어 수가 많다고 들은 사람은 팔로어 수가 적다고 들은 사람에 비해 자신감과 삶에 대한 만족도가 더 높았다. 참가자들을 무작위로 나눴기 때문에 처음에는 두 그룹 사이에 차이가 없었다는 것을 기억하라. 달라진 것은 사람들이 자신과 특성이 비슷한 사람들보다 인스타그램 팔로어가 더 많거나 적다고 믿게 되었다는 것뿐이다.

그렇다면 실험에 참가한 것에 대한 보답으로 받을 수 있는 두 가지 상품 중 하나를 선택하는 상황에서는 어떤 일이 일어났을까? 첫 번째 선택지는 마스터 셰프와 함께하는 솔로 쿠킹 클래스였고, 두 번째 선택지는 친구들과 함께하는 쿠킹 클래스였다. 평균보다 팔로어 수가 많다는 말을 들은 사람은 엘리

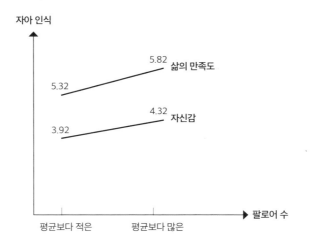

트 솔로 쿠킹 클래스를 선택할 가능성이 더 높았다. 이는 돈이 우리에게 미치는 영향과 전혀 다르지 않은 결과다. 평균보다 팔로어가 많다는 이야기를 들은 사람은 돈이 많은 사람처럼 배타적이고 독점적인 경험을 원한 것이다.

마약과 도파민

여러 연구가 소셜 미디어에서 좋아요를 많이 받는 것이 뇌를 자극해 도파민이 분비되도록 한다는 것을 밝혀냈다. 2016년 한 연구에서 일단의 미국 10대를 선발해 인스타그램과 유사한 앱에서 사진을 보게 하고 그들의 뇌를 스캔했다(fMRI, 기능 적자기공명영상법). 참가자 자신의 사진도 있었고 낯선 사람의 사진도 있었다. 연구자들은 (무작위로) 각 사진의 좋아요 수를 달리했다. 연구진은 이들이 좋아요를 많이 받은 자기 사진을 볼 때 뇌 주요 영역의 활동성이 증가하는 것을 관찰했다. 보상과 관련된 영역뿐 아니라 사회적 뇌라고 불리는 영역과 시각적 주의와 관련된 영역에서 활동성이 크게 증가했다. 연구진은 좋아요가 소셜 미디어에 중독되는 데 기여하며, 도박과 비슷한 방식으로 뇌에 영향을 준다는 결론을 이끌어냈다.

소셜 미디어에서의 정량화와 좋아요의 문제점을 식별하는 연구는 대단히 많다. 많은 연구가 소셜 미디어를 이용하면 의존성, 자기애, 우울증이 나타날 수 있다고 지적한다. 좋아요 수와 자신감의 연관성에 관련된 많은 증거가 존재한다. 좋아요 수가 많을수록 자신감은 커지고, 좋아요 수가 적을수록 자신감이 줄어든다. 좋아요 수가 자신감에 그토록 직접적이고 즉각적인 영향을 미치는 이유 중 하나는 좋아요 수가 사회적 비교를 정말 간단히 할 수 있게 해준다는 데 있다. 두 개의 수는 비교하기가 대단히 쉽다. 그러나 휴가 사진 두 장이나 접시에 담긴 음식 사진 두 장은 그렇게 쉽게 비교할 수 없다. 사진에는 해석의 여지가 있으며, 두 사진을 비교하는 것은 모호하고 주관적이다. 전혀 다른 두 장의 사진을 보면서도 내 휴가가 당신 휴가만큼 좋았다고 생각할 수 있다. 하지만 당신의 휴가 사진에는 좋아요가 200개이고 내 사진에는 50개뿐이라면, 모든 사람에게, 심지어 나에게도 당신의 휴가가 내 휴가보다 나았다는 것이 명백하게 느껴진다.

좋아요와 자신감에 대한 이런 메커니즘은 역설적이다. 범위 양쪽 끝 모두에 피해를 주는 것처럼 보이기 때문이다. 좋아요를 많이 받지 못하는 사람은 우울해지고 자신감이 떨어질 위험이 있는 반면, 좋아요를 많이 받는 사람은 자신에게만 몰두하는 나르시시스트가 될 위험이 있다.

비교 지옥

인간은 자신을 다른 사람과 비교하기를 즐긴다. 주변 세상을 이해하기 위해서는 다른 사람들이 우리와 비슷한지, 더 나은지, 못한지 알 필요가 있다. 새로운 사람을 만나면 우리는 그들이 사회 체계(혹은 계급 체계)에서 우리보다 높은지 낮은지 재빨리 판단하고 가능한 한 모든 측면에 근거해 다른 사람의 순위를 평가하고 범주화하곤 한다. 그런 이유로 우리는 거의 모든 것에 대해 순위 목록을 만든다. 스포츠 순위, 호텔 등급, 세계 행복지수, 신용 등급, 최고의 학교·병원·공항을 나열한 목록이 있다.

사회적 비교가 성과를 높이고 의욕을 고취하는 주된 이유는 비교에서 뒤떨어지는 것이 자아상에 대한 위협으로 인식되고, 따라서 다음에는 더 나은 성과를 내야 한다는 동기를 부여하기 때문이다. 다른 사람들이 당신보다 더 빨리 달리거나 인스타그램에서 더 많은 좋아요를 받는다면, 당신은 그들의 수준에 도달하거나, 내심으로는 그들을 압도하고 싶을 것이다. 그런 비교가 자신에게 중요하게 여겨질수록 향상 욕구가 강해진다. 신경심리학 연구는 사회적 비교가 뇌의 보상 중추와 밀접하게 연관되어 있다는 것을 보여준다. 다른 사람보다 더 나은 성과를 내면 행복해진다. 다른 사람만큼 좋은 성과를 내지 못하면 슬픔과 분노를 느낀다.

그렇다면 올림픽에서 은메달을 딴 사람과 동메달을 딴 사람 중 누가 더 행복할까? 이에 대한 연구도 있다. 선수들이 결승선에 도착했을 때와 시상대에 서서 상을 받을 때 선수들의 표정을 해석하고 코드화한 것이다. 어떤 결과가 나왔을까? 동메달을 딴 사람들의 만족도가 은메달을 딴 사람보다 훨씬 더 높다. 동메달리스트의 성적이 더 나빴는데 어떻게 이런 결과가 나올 수 있는 것일까? 은메달리스트는 금메달을 '잃은' 반면 동메달리스트는 시상대에 오를 기회를 '얻어냈기' 때문이다. 은메달리스트는 자신을 금메달리스트와 비교하는 데 반해, 동메달리스트는 메달을 따지 못한 선수와 비교한다.

우리 인간은 사회적 비교를 할 때 자신을 '아래'보다 '위'와 비교한다. 이는 직관적으로는 좋은 일처럼 보인다. 자신을 더 유능하고, 더 빠르고, 더 똑똑한 사람과 비교하면 영감과 향상 의욕을 얻을 수 있다. 하지만 안타깝게도 그와 정반대 결과가 발생한다. '위'를 향한 사회적 비교는 스스로에게 더 큰 불만을 느끼게 한다. 모든 올림픽 은메달리스트에게 물어보라.

이것만으로는 믿어지지 않는다면 페이스북을 비롯한 소셜미디어에서 일어나는 일을 살펴보라. 그곳에서 사용자는 '위'와, 그러니까 더 잘생기고 부유하고 좋아요와 팔로어가 더 많은 사람을 팔로해서 비교할지, 아니면 '아래', 즉 나보다 못한 삶을 사는 것처럼 보이는 사람과 비교할지 스스로 선택할 수 있다. 대부분이 어느 쪽을 선호하는지는 당신도 잘 알 것이다. 사람들은 자신을 좋아요 수가 많고, 팔로어 수가 많고, 친구 수가 많은 사람과 더 자주 비교한다. 여러 연구가 이런 비교 때문에 자신의 삶에 만족하지 못하게 될 뿐 아니라 다른 사람들이 가진 것을 과대평가하게 된다는 것을 보여준다.

더구나 사람들이 소셜 미디어에 '실제' 삶이 어떤지 보여주는 사진이 아니라 삶을 미화한 사진을 게시한다는 사실이 이런 효과를 더욱 강화한다. 개인에게 소셜 미디어의 (가상의) 프로필을 판단하게 하는 실험에서 연구진은 '아래'로의 사회적 비교를 선택하는 것이 개인의 자신감에 전혀 영향을 미치지 않는다는 사실을 발견했다. 아마도 당신은 이 실험이 참가자들의 자신감을 높여줄 것이라고 생각했겠지만, 그렇지 않았다. 하지만 '위'로의 비교는 자신감과 자신의 삶에 대한 평가 저하를 가져왔다. 그러므로 소셜 미디어 앱을 열고 다른 사람의 좋아요와 프로필을 스크롤하는 일은 자존감에 전혀 도움이 되지 않는 것이다.

이는 TV를 보는 것과 상당히 비슷하다. TV에 나오는 사람은 보통 일반인보다 좀 더 부유하다. 그렇다면 TV를 많이 보는 사람에게 어떤 일이 일어날까? 그들은 평균적으로 주변 사람들을 실제보다 더 부유하다고 생각한다. 또 자신의 부와 행복을 과소평가한다.

동료가 얼마나 버는지 알게 되었을 때 사람들의 의욕과 만족도에는 어떤 변화가 나타날까? 그들은 인생에서 만족스럽지 못한 점을 새롭게 발견한다. 과분하다고 생각되는 돈을 버는 동료가 한 명쯤은 있게 마련이다. 영국 근로자 5,000명을 대상으로 한 연구에서, 연구진은 동료가 자신에 비해 돈을 많이 벌수록 사람들이 더 불행해진다는 사실을 발견했다. 명문 하버드대학교의 학생과 교직원을 대상으로 한 연구에서는 응답자 중 절반이 동료는 25만 달러를 벌고 자신은 10만 달러를 버는 상황보다 동료가 2만 5,000달러를 벌고 자신은 5만 달러를 버는 상황을 선택하겠다고 말했다. 직장에서 봉급이 가장 낮은 사람이 되느니 봉급 절반을 포기한다는 것은 상당히 놀라운 반응이 아닐 수 없다.

사회적 비교는 어디에서나 이루어진다. 의식하든 아니든 우리는 항상 비교를 한다. 따라서 우리의 잣대를 형성하는 것은 좋아요 수, 조회 수, 공유 수, 팔로어 수만이 아니다. 수입, 체중, 키, 하루 동안 걷는 걸음 수, 평균 보행 속도, 멤버십 보너스 포인트, 다양한 게임 레벨 등 우리 삶의 다른 모든 수에 대해서도 비교가 이루어진다. 새로운 감지기, 디지털화의 확대, 세계화는 우리가 항상 자신과 주변 사람에 대한 더 많은 수치를 접하게 된다는 것을 의미한다. 우리는 모든 것에 대한 잣대를 얻는다.

더 큰 문제는 과거에는 전혀 비교할 수 없었던 종류의 것들을 쉽게 비교할 수 있게 되었다는 점이다. 과거에는 수가 스며들지 못한 작은 피난처가 있었다. 그곳에서는 스스로 생각하고 추론하고 평가해야 했고, 주관성이 극히 중요했다. 그곳에서는 무언가에 대한 내 개인적인 평가가 맞을 수도 있고 틀릴 수도 있었다. 당신의 평가가 그렇듯이 말이다. 그곳에서는 서로 간의 끊임없는 비교가 불가능했다. 그런 시절은 이제 지나 갔다.

비교할 수 없던 것이 비교할 수 있는 것이 되었다. 모든 것을 수와 척도로 환원할 수 있다.

당신이 너무 뚱뚱한 건 아닌지, 너무 마른 건 아닌지 궁금한가? 체질량 지수Body Mass Index, BMI(인간의 비만도를 나타내는 지수로 키와 체중을 이용해 계산한다―옮긴이)가 답을 줄 것이다. 당신의 육체적 매력이 어느 정도인지 궁금한가? 셀카의 좋아요 수나 틴더의 스와이프 수가 명확한 답을 줄 것이다. 당신은 재정적으로 책임감이 있는 사람인가? 신용 등급을 확인해보라. 이웃이 당신보다 근사한 휴가를 보냈는가? 트립어드바이저Tripadvisor에서 이웃이 휴가를 보낸 호텔을 찾아보라.

우리 삶에 대한 이런 데이터를 수집하는 기업은 이것이 심리에 부정적 영향을 미친다는 사실을 자연스럽게 알아차렸다. 페이스북이 생겨나고 첫 5년 동안은 네트워크 서비스에 좋아요 버튼이 없었다. 하지만 이 작은 버튼은 생겨난 이래 페이스북을 비롯한 소셜 미디어의 확산과 상업적 성공에서 큰 의미를 지니게 되었다. 연구를 통해 소셜 미디어의 좋아요와 정량화에 관련된 여러 부정적인 심리적 영향이 입증되면서 소셜 미디어 기업에 이에 대해 조치를 취해야 한다는 압박이 가해졌다. 2019년 인스타그램(페이스북 소유)이 서비스 변경 테스트를 한 것도 이 때문이다. 사용자가 사진에 좋아요를 누를 수는 있되 다른 사용자가 받은 좋아요 수나 동영상 조회 수는 볼 수 없도록 한 것이다. 이 테스트는 캐나다에서 시작되었고 이후 다른 6개 국가에서도 실시되었다. 인스타그램 관계자는 "우리가 이런 시도를 하는 것은 팔로어가 좋아요를 몇 개 받았는지가 아니라 사용자가 공유하는 사진과 동영상 자체에 집중하기를 바라기 때문이다"라고 말했지만, 이런 변화로 소셜 네트워크 서비스의 매력, 사용자가 서비스에 중독되는 정도가 떨어지고, 따라서 하루에 서비스를 클릭하는 횟수도 감소할 수 있기 때문에 회사로서는 큰 도전일 수밖에 없었다. 테스트에 대해 알게 된 사용자들의 직접적 반응 역시 대단히 부정적이었고, 많은 사람이 인스타그램 측이 '아무도 원하지 않는' 변화를 도입했다고 느꼈다. 이 테스트의 결과와 결론은 아직 알려지지 않았으며, 대부분의 인스타그램 사용자는 여전히 좋아요 수와 동영상 재생 횟수를 확인할 수 있다.

내 딸은 모두(?)가 인스타그램에 '핀스타finsta', 즉 자신의 '공식' 계정과 함께 부계정, 즉 '가짜 인스타fake Insta'를 가지고 있다고 말해주었다. 덜 완벽하고 편집되지 않은 사진을 친한 친구들과만 공유하기 위해 핀스타를 두는 사람도 있지만, 대부분은 자신의 게시물에 좋아요를 누르기 위해 이런 가짜 계정을 만든다. "좋아요를 최대한 많이 받으려는 거죠." 내가 다른 사람의 관심을 끌기 위한 것이냐고 묻자 아이는 어깨를 으쓱하며 "그냥 기분이 좋잖아요"라고 대답했다. 이 이야기로 인스타그램이 처음 생겼을 때 미국에서 배운 '인스타큐리티Instacurity'(인스타그램과 불안감을 뜻하는 인시큐리티insecurity를 합성한 말—옮긴이)라는 표현이 떠올랐다. 막 올린 게시물에 좋아요가 쏟아지지 않아 불안할 때 쓰는 말이다.

미카엘

나는 여행가다

주변을 차지한 수들이 우리의 자신감과 감정에 영향을 미친다는 것은 부인할 수 없다. 그렇다면 수는 우리의 정체성과 우리가 관심을 두는 것에도 영향을 미칠까?

민간 부문이든 공공 부문이든 직장에 다니는 사람이라면 자신을 가늠하는 수가 중요하다는 것을, 때로는 대단히 중요하다는 것을 익히 알고 있을 것이다. 고객 만족도를 측정하든, 수익성을 측정하든, 매출을 측정하든, 수는 머릿속에 슬그머니 들어와 동기, 선택, 우선순위 결정에 영향을 미친다. 북유럽의 대학교에서 경제학과 교수로 일하는 우리 두 필자는 강의 평가, 언론에 언급된 횟수, 과학 논문 수, 논문과 저널의 영향력 지수, 인용 횟수, 구글 스칼러Google Scholar의 h-지수h-index (개별 연구자의 연구 업적과 성취, 학계에 미치는 영향을 자연수로 표현한 것으로 허쉬 지수라고도 한다—옮긴이), 리서치게이트ResearchGate 사이트 점수, 그 외 수십 가지 측정 변수로 상상할 수 있는 모든 각도에서 끊임없이 평가받고 있다. 이런 수들은 대단히 가시적이고, 비교하기 쉬우며, 객관적이라고 여겨지기 때문에 고용주, 동료에게는 물론 우리가 스스로를 평가하는 데도 중요하다.

하지만 수는 직장에만 있는 것이 아니다. 스마트폰에 설치된 앱을 한번 살펴보라. 그 후 앱이 어떤 수를 공급하고 상기시키는지 생각해보라. 관심사와 성격에 따라 다르겠지만, 아마도 생활 대부분에 대한 수를 얻고 있을 것이다. 우선 은행 계좌, 대출, 신용도, 연금, 펀드, 주식 등 재정 상황에 대한 정보가 공급된다. 걸음 수, 걸은 거리, 맥박, 평균 보행 속도, 등산한 산 높이까지, 건강에 관한 정보도 공급된다. 조회 수, 좋아요 수, 팔로어 수, 공유 수 등 소셜 미디어에서 공급하는 수도 있다. 이곳저곳의 멤버십 포인트, 캔디 크러쉬Candy Crush와 헤이 데이Hay Day 같은 게임의 레벨, 에너지 소비량, 트립어드바이저, 에어비앤비Airbnb, 우버Uber에서의 순위, 그리고 고용주, 앱, 감지기에서 비롯된 수많은 수에 대한 정보가 공급된다.

이런 수들은 객관적이고 사실적이며 구체적이고 명백하고 보편적이며 비교하기 쉬워 보이기 때문에 중요성이 커진다. 그리고 당신이 어디에 집중할지, 우선순위는 무엇으로 정하고, 스스로를 어떻게 바라볼지에도 영향을 미친다.

"당신은 진정한 여행가입니다." 스칸디나비아 항공 앱이 내게 말한다. 증거는 분명하다. 나는 2003년 이후 504시간에 걸쳐 지구를 6.7바퀴 돌 수 있는 거리를 비행했다. 내 계정에는 21만 3,726유로로 멤버십 포인트가 있다. 수가 처음 제시되었을 때는 진짜 여행가처럼 느껴지지 않는다 해도, 스칸디나비아 항공 앱을 열어 나 자신을 수에 자주 노출시킬수록 수와 그 수가 의미하는 것을 자신의 자아상에 더 많이 통합시키게 된다. 나는 여행가다. 전 세계를 여행하는 글로벌 시대의 진정한 여행가다. 나는 그런 사람이다.

헬게

스마트폰의 수와 그 수가 나타내는 것은 당신의 정체성에 미묘한 영향을 미친다. 그들에게는 서서히 퍼지는 자기 강화의 효과가 있다. X(구 트위터)의 공유가 갑자기 많아지면 자신을 중요한 담론가로 여기게 되고 아마도 게시물을 더 많이 쓸 것이다. 운동하는 사진에 달리는 좋아요 수가 늘어나면 당신은 운동 사진을 더 많이 올릴 것이다. 운동이 당신에게 더 중요해지고, 인스타그램 게시물의 많은 부분을 운동 사진이 차지하게 된다.

많은 좋아요는 도파민의 활발한 분비, 자아상의 강화로 이어진다. 이는 당신에게 사진, 활동, 옷이 더 중요해진다는 의미이다.

측정할 수 있는 모든 것이 당신의 정체성에서 더 중요해지고, 수가 자신감과 자아상에 그렇게 큰 영향을 미친다면, 일상에서 다루는 수에 더 주의를 기울여야 하지 않을까?

여기 자아상과 관련된 수 백신 다섯 가지를 소개한다.

1 수와 돈에 공통점이 많다는 사실에 유의하라. 수는 당신을 더 계산적이고, 이기적이고, 자기에게만 관심을 갖는 사람으로 만들 수 있다. 당신은 정말 그런 자신을 원하는가?

2 큰 수도 작은 수도 자아상을 파괴할 수 있다는 것을 명심하라. 작은 수는 자신감을 파괴한다. 큰 수는 자기 몰입과 자아도취를 낳을 수 있다.

3 수, 특히 소셜 미디어의 수에는 중독성이 있을 수 있다. 가끔 해독하는 시간을 갖도록 하라!

4 경험은 주관적이라는 것을 유념하라. 달리기, 휴가, 식사는 비교할 수 없다.

5 수가 당신이 어떤 사람인지 통제하도록 놓아두지 마라. 지금의 당신, 당신이 되고자 하는 모습에서 멀어지게 하는 수라면 화면에서 없애라.

이런 백신을 통해 수가 뭐라고 하든 있는 그대로의 자신이 되는 것을 조금 더 쉽고 편하게 느낄 수 있길 바란다.

4

수와 성과

NUMBERS AND PERFORMANCE

MORE.
NUMBERS.
EVERY.
DAY.

2010년 12월, 에인절 투자자(신생 벤처 기업에 자본을 대는 개인 투자자—옮긴이)이자 건강 마니아에 작가이기도 한 티모시 페리스Timothy Ferriss가 환한 미소를 지으며 자신의 새 책《포 아워 바디The 4-Hour Body》를 내놓았다. 부제를 그대로 믿는다면 이 책은 '빠른 체중 감량, 믿기 힘든 섹스, 초인간이 되는 목표를 향한 흔치 않은 안내서'다. 이 책은 바로 〈뉴욕 타임스〉 베스트셀러 목록에 올랐고, 삶을 개선할 수 있는 새로운 조언과 방법으로 새로운 세대의 셀프트래커self-tracker(웹사이트나 다른 기술을 이용해 자신의 신체적·정신적 상태나 활동 같은 다양한 면을 세심하게 추적하는 사람—옮긴이)에게 영감을 주었다. 페리스는 독자들에게 체중, 건강, 수면 패턴 등을 속속들이 모니터링해 성과를 향상시키는 방법, 페리스 자신처럼 점차 초인간이 되는 방법을 알려준다. 이 조언에는 단 2시간의 수면으로 생활하고, 15분 오르가슴을 달성하며(여성의 경우), 지방 감소를 300% 늘리고, 테스토스테론 수치를 3배 높이고, 영구적인 신체 부상에서 회복하는 방법이 포함되어 있다.

팟캐스트, 책, 우버, 페이스북, 쇼피파이Shopify, 알리바바에 대한 컨설팅 등으로 엄청난 부자가 된 티모시 페리스는 자기 모니터링의 지독한 실천가이며 '퀀티파이드 셀프Quantified Self(자기 건강 측정—옮긴이) 운동'을 지지한다. 페리스는 잠을 자는 동안의 심장 파동을 관찰할 뿐 아니라 실시간으로 당 수치에 관련된 데이터를 얻기 위해 혈당 측정기를 체내에 이식했다. 그는 효소와 근육 섬유를 측정하기 위해 허벅지 생체 조직을 검사하기도 했다. 그가 생활에 사용하는 앱, 감지기, 모니터링 장치의 수는 NASA의 기술도 구식으로 보이게 할 지경이다.

티모시 페리스는 이 모든 것을 과학적 자기 실험이라고 부르지만, 지나친 집착이나 강한 자기 몰입이라고 묘사하는 사람도 있을 것이다. 하지만 페리스만이 이런 것은 아니다. 여러 연구가 건강 데이터를 하나 이상 기록하는 사람이 전 인구의 거의 절반에 해당한다는 것을 보여준다. 핏빗, 애플 워치 등 다양한 감지기의 판매량은 하늘을 찌를 듯하다. 그리고 퀀티파이드 셀프 운동은 현재 34여 개국 100개 이상의 지역 지부에 회원을 거느리고 있다. 가장 큰 그룹은 샌프란시스코, 뉴욕, 런던, 보스턴에 있다. 이 운동에는 '퀀티파이드 베이비Quantified Baby'라는 별도의 분과도 있다. 여기 소속된 회원은 다양한 센서와 소프트웨어를 사용해 아기의 일상 활동과 건강에 대한 데이터를 수집한다.

우리는 어떻게 여기까지 이르게 되었을까?

알다시피 인간이 자신에 대한 수와 데이터에 강한 흥미를 느끼는 것은 새로운 현상이 아니다. 자기 계량화도 마찬가지다. 피타고라스학파는 이미 2,600여 년 전에 그런 일을 했다. 인간은 태초부터 자신과 관련된 수에 강한 충동을 느꼈을 것이다. 벤저민 프랭클린Benjamin Franklin이 현대를 살았다면 그는 아마 수십만 명의 팔로어를 거느리고 자신의 팟캐스트를 운영하는 열정적인 블로거가 되었을 것이다. 미국 건국의 아버지이며 음악가, 작가이고, 피뢰침을 비롯해 많은 발명을 한 프랭클린은 자신과 주변 사람들의 삶에 관련된 수로 가득 찬, 믿기 힘들 정도로 상세한 일기를 썼다. 그는 일기와 수를 자기 성찰과 자기 계발의 토대로 삼아 13가지 덕목을 매일 지키고 모니터링했다. 퀀티파이드 셀프 운동은 벤저민 프랭클린을 시조로 삼으며, 퀀티파이드 셀프 관련 웹사이트에서는 생산성과 하루하루를 다양한 행사와 업무 과제로 나누는 데 대한 프랭클린의 조언을 찾아볼 수 있다. 인간으로서의 개발과 향상을 위해 자신에 대한 철저한 지식의 중요성을 강조했던 미셸 푸코Michel Foucault 같은 철학자도 퀀티파이드 셀프 운동을 뒷받침하는 이념적 틀의 일부로 여겨진다.

더 날씬하게, 더 건강하게, 더 빠르게?

스마트 워치, 스마트폰, 수많은 일지 기록 앱을 구할 수 있는 지금의 우리는 벤저민 프랭클린이라면 꿈속에서나 가능했을 자기 정량화의 기회를 접하고 있다. 일지 기록은 일상의 오락이 되었고, 그 주제에 관한 엄청난 수의 책과 웹사이트는 물론 수백 개의 앱이 존재한다. 우리는 더 날씬하고, 더 건강하고, 더 행복해지기 위해, 더 빨리 달리고 더 나은 성과를 내기 위해 자신의 일과를 기록하고 모니터링한다. 미국인 중 40% 이상이 자기 모니터링을 통해 운동 능력을 향상시키고 체지방을 줄일 수 있다고 생각한다.

여기서 자연스럽게 드는 의문이 있다. 정말 효과가 있을까? 자신에 관한 수를 지속적으로 모니터링하면 우리는 정말 더 날씬해지고, 더 건강해지고, 더 행복해질까?

연구 결과는 엇갈리는 것 같다. 스마트 워치, 만보기, 다양한 형태의 건강 데이터 기록의 효과를 조사하는 얼마 안 되는 대조군 연구 중 대부분은 체중 감량이든, 운동 횟수와 강도, 수행 능력이든 개인의 건강과 성과에 대한 긍정적 영향이 있기는 하되 비교적 미미하다는 것을 발견했다. 핏빗, 애플 워치, 기타 건강이나 성과를 모니터링하는 다른 방법을 사용하면, 조금 더 빨리 달리고, 체중을 조금 더 줄이고, 조금 더 나은 성과를 낼 수 있다. 하지만 '조금'일 뿐이다. 또 개인차가 비교적 크다. 효과를 보는 사람도 있지만 효과를 보지 못하는 사람도 있다. 그리고 그 효과는 비교적 단기적이고 일시적이라는 경향이 있다.

왜일까?

듀크대학교의 심리학자 조던 에트킨Jordan Etkin은 자기 정량화, 성과, 동기의 문제를 다루는 일련의 흥미로운 연구를 진행했다. 한 연구에서 그녀는 사람들에게 운동이나 독서 같은 다양한 긍정적 활동을 수행하게 했다. 실험 참가자 중 절반은 수치로 자신의 성과에 대해 들은 반면(얼마나 먼 거리를 걸었는지, 혹은 몇 페이지를 읽었는지), 나머지 절반은 그런 정보를 얻지 못했다. 이후 그녀는 참가자의 성과, 의욕, 행복도를 측정했다.

참가자들이 실험이 끝난 후에도 그 활동을 계속하기로 선택했는지도 조사했다. 그녀는 어떤 사실을 발견했을까? 다른 많은 연구와 마찬가지로, 자신의 행동을 모니터링하고 정량화하는 작업은 약간 더 나은 성과로 이어진다는 것이 드러났다. 성과에 대한 데이터를 얻은 참가자는 조금 더 빨리, 조금 더 오래 걷거나, 책을 조금 더 많이 읽었다. 하지만 의욕은 감소했다. 실험이 끝난 후 그들이 그 활동을 계속할 가능성이 낮았다. 자기 정량화는 장기적으로는 참가자가 해당 활동을 덜 좋아하고 그 활동을 줄인다는 것을 의미했다. 또 자신의 성과를 기록한 사람은 똑같은 활동을 했지만 측정이나 정량화를 하지 않은 사람에 비해 만족도와 행복도 점수가 낮았다. 에트킨이 참가자에게 정량화를 강요하든, 자발적으로 정량화를 선택하든 결과는 같았다.

어째서 이런 일이 일어나는 것일까? 측정 과정은 우리로 하여금 스스로가 측정하는 대상에 더 주의를 기울이게 한다. 걸음 수가 얼마인지 측정하면, 거기에 더 집중하게 된다. 읽은 페이지에 집중하면 얼마나 많이 읽었는지에 더 집중하게 된다. 솔직히 더 많이 혹은 더 빨리 걷고 싶은 생각이 없는 사람도 연구를 통해 측정 자체가 성과를 높인다는 것을 알고 있다. 조깅을 하면서 심박 수, 속도, 거리를 측정하면 애초에 조깅을 하고 싶었던 이유보다 조금씩 그 수에 집중하게 된다. 측정과 외적 동기에 집중함으로써 한때 긍정적이고 재미있게 여기던 활동을 즐거움보다는 유용성 때문에 하기 시작한다. 신선한 공기를 마시며 좋은 음악을 듣고 자연을 느끼기 위해 조깅을 했던 사람의 내적 동기는 그가 핏빗이나 스트라바Strava와 연결되는 순간 외적 동기로 대체된다.

어린이를 대상으로 한 유사한 실험도 같은 결과를 보여준다. 예를 들어 당근을 먹으면 셈을 잘하게 되니 꼭 먹어야 한다는 이야기를 들은 유치원생은 다른 어린이들보다 당근을 더 적게 먹으며 당근 맛을 더 역하게 느낀다. 아이가 그린 그림에 보상을 주면, 아이는 곧 그림을 지루하게 여긴다. 내적 동기가 아닌 외적 동기로 강제된 활동은 매력과 재미가 줄어든다. 당근을 먹는 것은 짜증 나는 일이 되고, 조깅은 과제가 되고, 독서는 수고로운 일이 된다.

자기 계량화가 끔찍한 결과로 이어질 수 있다는 생생한 증거가 있다. 운동을 좋아했던 노르웨이의 토르뵈른 회스트마르크 보르게Torbjørn Høstmark Borge는 점차 활동량 측정기와 스트라바를 사용하게 되었다. 지금 그는 그 일을 몹시 후회하고 있다. 그는 2020년 9월 〈베르겐스 티덴데Bergens Tidende〉와 나눈 인터뷰에서 이렇게 말했다. "만보기를 켤 때마다 부자연스럽게 흥분하는 저 자신을 발견했습니다. 끊임없이 새로운 목표를 달성해야 한다는 압박을 받았습니다. 그것이 매일 부담으로 다가왔고 엄청난 에너지와 집중력이 소모됐습니다." 이렇게 지나치게 스트라바에 집착하게 된 그는 하루에 4만 보 이상을 걸어야 한다고 스스로를 채찍질하다 횡문근융해증rhabdomyolysis(대량의 근육세포가 손상되는 것—옮긴이)에 이르렀다. "하루 2만 보 이상으로 시작했지만 어느 순간부터 3만 5,000보 이하로 내려가지 않게 되었습니다. 다음에는 4만 보가 되었죠." 보르게가 운동에서 느끼던 즐거움과 그의 몸 모두가 외적 동기와 계산 때문에 파괴되었다.

인간은 다른 사람이 더 나은 성과를 내도록 하기 위해 외적 동기를 활용하곤 한다. 부모는 자녀에게 아이스크림과 초콜릿이라는 보상을 주고, 기업은 상여금과 각종 혜택으로 직원들에게 동기를 부여한다. 때로는, 적어도 단기적으로는, 이런 것들이 효과를 발휘한다. 하지만 앞서 보았듯 외적 동기는 내적 동기를 매우 빠르게 소멸시킨다. 좋아하는 활동을 한 대가로 돈을 받으면 시간이 지나면서 그 활동을 부담스러워할 위험이 있다.

이런 면에서 에트킨의 연구는 돈과 동기를 다룬 연구를 떠올리게 한다. 하지만 여기서 외적 동기는 돈이 아니라 걸음 수, 좋아요 수, 읽은 페이지 수다. 돈이 당신으로 하여금 성과를 내게 만들 수는 있지만, 시간이 지나면 일을 자신의 내적 동기가 아닌 보상과 연결하면서 보상을 받는 활동에 싫증을 느끼게 된다. 마찬가지로 만들기로 마음먹은 자신에 대한 수(평균 걷기 속도, 걸음 수, 좋아요 수, 보너스 포인트)가 점차 내적 동기를 감소시킬 수 있다.

당신의 심장, 당신의 데이터?

의사, 토목 기사, 회계 감사관 혹은 자신의 건강 데이터나 운동 성과를 열심히 기록하는 사람이 앞의 글을 읽는다면 지나치게 부정적인 이야기라고, 상황을 너무 암울하게 본다고 생각할 것이다. 이런저런 수치를 추적하는 일이 뭐 그리 나쁘냐고 생각할 수도 있다. 당신은 핏빗 이용을 충분히 통제하고 있다. 조깅을 즐기고 있다. 그리고 데이터에 만족하고 있다.

물론 건강에 유의미한 것을 기록하는 경우도 있다. 과체중이거나 고혈압인 사람이라면, 신체에 관한 여러 수치와 데이터 흐름을 주시하는 것이 좋다. 당뇨병 같은 질환이 있다면 혈중 포도당 수치를 추적하는 것이 대단히 중요하다. 오늘날에는 피하에 삽입하는 소형 감지기를 통해 그 일을 효과적으로 해낼 수 있다. 몇몇 사람들에게는 자신의 신체와 건강에 관련된 데이터와 수에 접근하는 것이 엄청나게 중요할 수도 있고 더 나아가 필수적일 수도 있다. 휴고 캄포스Hugo Campos가 그런 경우다. 스탠퍼드 의과대학의 메디슨 X Medicine X(정밀 의료, 디지털 헬스 등 최신 기술 및 의료 혁신에 대해 다루는 프로그램—옮긴이) 프로젝트에는 그의 스토리가 담겨 있다.

휴고 캄포스는 평생 심장이 이상하게 움직인다는 느낌을 받았다. 심장이 두근거렸다. 때로는 심장이 리듬을 놓치기도 했다. 그는 커피를 너무 많이 마셔서 혹은 잠을 잘 못 자서라고만 생각했다. 2004년 어느 날 아침, 지하철을 타기 위해 뛰어가던 그는 메스꺼움을 느끼며 기절했다. 스탠퍼드의 의사들은 많은 조사 끝에 그에게 비후성심근증hypertrophic cardiomyopathy이 있다는 진단을 내렸다. 심실 벽이 두꺼워지는 심각한 질환이었다. 3년 후인 2007년, 외과 수술로 그는 심장 리듬을 모니터링하는 제세동기를 이식했다. 제세동기의 모든 데이터는 제조사인 메드트로닉Medtronic으로 실시간 전송되었고, 메드트로닉은 이를 담당 의사에게 전달했다. 평생 심장 리듬이 불규칙한 상태로 살아온 캄포스는 이제 제세동기가 수집한 데이터를 통해 자신의 심장 상태를 파악할 수 있을 것이라고 생각했다. 하지만 2012년에 캄포스가 건강보험 자격을 잃으면서 문제가 생겼다. 병원에 가기 힘들어지고 자신의 데이터에도 접근할 수 없었던 그는 직접 문제를 해결하기로 했다. 그는 이베이에서 제세동기 프로그램을 다시 이용할 수 있는 장치를 찾았고 직접 해킹을 시도했다. 자기 몸에 있는 제세동기에 대해 더 많은 지식을 얻으려 화장하기 전 시신에서 제거한 중고 제세동기를 판매하는 장례식장을 찾아보기도 했다. 하지만 이도 쉽지 않았다. 2011년 한 학회에서 연구자들이 무대 위에서 실시간으로 제세동기를 해킹해 조종한 사건이 일어난 이후 제세동기 제조사가 데이터 보안에 민감해졌던 것이다.

2007년부터 휴고 캄포스는 규제와 기술 기업의 관행을 바꿔 환자가 자신의 건강 데이터에 접근할 수 있도록 하기 위해 노력해왔다. 하지만 수술 후 15년이 지난 2022년에도 캄포스는 3만 달러짜리 제세동기가 자신의 심장과 몸에 대해 수집해 클라우드 서비스로 전달하는 데이터에 여전히 접근할 수 없었다.

캄포스는 제세동기의 데이터 흐름에 접근할 수 있었다면 이 데이터를 핏빗의 데이터 등 다양한 활동과 연결해 커피, 알코올, 특정 약물, 기타 여러 형태의 운동에 심장 리듬이 어떤 영향을 받는지 등을 알아낼 수 있었으리라고 말했다. 캄포스는 가끔 만나는 의사보다는 매일 질병을 끌어안고 사는 환자 본인이 자신의 상태에 주의를 기울이고 실험을 해보기에 더 나은 위치에 있다고 생각한다. 당뇨병 외 모니터링이 필요한 질환을 앓는 환자와 마찬가지로, 캄포스는 자신의 건강 데이터에 접근하는 것이 중요한 일이며 원칙적으로 자신의 권리라고 믿는다.

여기에는 상당한 역설이 있다. 우리는 자신의 신체와 건강과 관련된 대량의 수치에 대한 접근권을 가지고 있다. 성과를 조금 높여줄지는 모르지만 장기적으로 볼 때 동기와 즐거움을 사라지게 하는 데이터 말이다. 반면 캄포스 같은 사람들이 삶의 질과 대처 능력을 근본적으로 개선하는 데 가장 중요한 수는 제약 및 기술 기업이 소유하고 있다.

빅 브라더

당신의 건강 데이터가 실제로 누구의 소유인지, 누가 접근권을 갖고 있는지 생각해본 적이 있는가? 2019년 구글이 핏빗을 21억 달러에 인수할 것이라는 보도가 나온 후, 몇몇 IT 전문가와 일반 소비자는 기기 사용을 중단했다. 수면 패턴, 운동, 건강에 관련된 자기 데이터에 대한 접근권을 구글에 주고 싶지 않아서였다. 그들은 '구글이 우리에 대해 알고 있는 것은 지금으로도 충분하다'고 생각했다. 점점 더 많은 사람이 구글의 건강 데이터 대량 구매에 회의적이 되었고, 2020년 8월 유럽연합 집행위원회는 이 인수와 구글의 사용자 건강 데이터 접근

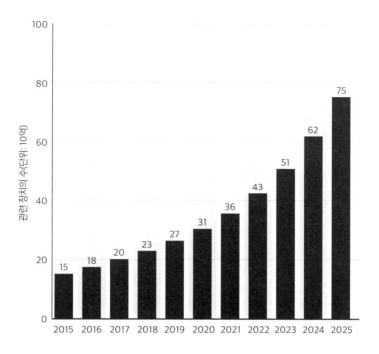

에 대한 전면적인 검토에 착수할 것이라고 발표했다. 핏빗은 1억 개 이상의 제품을 판매했으며 2,800만 명의 활성 사용자를 보유해 엄청난 양의 조깅 시간, 심장 박동 수, 위치 데이터를 확보하고 있다. 구글은 핏빗을 인수하고 인공지능을 더 많이 사용함으로써 사람들에게 자신에 관한 더 많은 양질의 데이터를 공급할 수 있으며, 이를 통해 사람들이 스스로에 대해 더 많은 것을 배우고, 자기 인식의 향상을 느끼고, 삶을 개선할 수 있으리라고 주장했다.

이것이 우리의 미래다. 몸 위와 몸 안에, 스마트폰에, 침대에, 직장에, 집에, 차에 장착된 더 많은 센서 덕분에 모두가 (조금) 더 나은 성과를 낼 수 있는 미래 말이다.

수, 측정, 비교로 개선되고, 빨라지고, 효율이 높아진다는 생각은 개인적 차원에 국한되지 않는다. 이런 믿음은 회사의 보상 시스템과 주요 지표부터 학교의 성적 시스템, 보육 표준화와 측정, 의료 분야의 내부 가격 시스템까지 모든 것에 스며들어 있다. 더구나 우리는 수를 정확하고 보편적이며 영원하고 비교 가능한 것으로 인식하기 때문에, 수에 기반을 둔 의사 결정과 시스템을 객관적이고 투명하다고 생각한다.

말도 안 되는 소리다. 수는 전혀 그렇지 않다. 그렇지만 수가 아닌 대안은 확실히 더 나쁘다. 그럼 수 대신 무엇을 측정해야 할까?

흥미롭게도 스웨덴과 노르웨이 같은 나라 사람들은 성과를 높여준다는 면에서 수와 측정의 힘에 그리 강한 믿음을 갖고 있지 않은 듯하다. 스웨덴과 노르웨이는 시민 사이에, 그리고 시민과 공공 부문 사이에 신뢰가 높은 나라다. 이들 나라는 신뢰도가 낮은 나라에 비해 공공 시스템과 정치에서 수의 역할이 두드러지지 않는다. 반면 미국의 경우 1960년대 이래 대중이 공공 부문을 근본적으로 불신하는 문화가 존재해왔다. 그 결과, 학교부터 경찰서까지 모든 곳에서 주관적 평가와 경험을 기반으로 한 결정을 수와 측정 시스템이 대체한다. 상황은 극도로 경직되었다. 수에 의존하는 이런 시스템은 좋은 효과를 불러오지는 않는 것 같다. "컴퓨터에서 안 된다는 답변이 나옵니다Computer says no"(영국 텔레비전 프로그램 〈리틀 브리튼Little Britain〉에서 처음 사용된 말. 고객 서비스 센터 직원이 컴퓨터에 입력해서 답이 나오지 않는 문제에 대해 더 이상 알아보지 않고 "컴퓨터에서 안 된다는 답변이 나옵니다"라는 응대만 한다는 비판의 의미를 지닌다─옮긴이)라고나 할까?

전체주의 체제에서조차 성과를 높이는 수단으로서 수에 대한 신뢰가 강하다. 아마 가장 극단적인 예는 중국의 사회신용체계일 것이다. 2020년 시작된 이 체계에는 개인, 기업, 조직 등이 '신뢰' 가능한지 평가하는 일련의 데이터베이스와 모니터링 시스템이 포함되어 있다. 모든 개인에게는 점수가 부여되며, 점수가 높은 사람은 보상을 받고, 점수가 낮은 사람은 벌칙을 받는다. 점수가 낮으면 교육과 여행에 제한을 당하고, 사용할 수 있는 광대역 속도가 느려지며, 대출이자가 높아진다. 리커창李克强 중국 총리는 2018년 한 연설에서 "신용이 있는 사람은 천하를 마음껏 돌아다닐 수 있고, 신용 불량자, 즉

중국 사회신용체계의 시범 버전은 이미 결과를 내고 있다. 2018년 동안 낮은 점수를 받은 시민이 다양한 제약을 받았다.

 세금 미납으로
출국이 금지된 사람
128명

 관리직을 맡거나 법적
문제에서 회사를 대표
할 수 없는 경우
29만 건

 개의 배설물을 치우지
않거나 개를 목줄 없이
풀어놓아서 벌금을
내거나 개를 빼앗긴 사람
1,400명

 기차표 구입을
거부당한 경우
550만 건

 비행기표 구입을
거부당한 경우
1,750만 건

출처: Visualcapital.com

낮은 점수를 받은 사람은 한 발짝도 나다니지 못하게 할 것"
이라고 밝혔다.

시민의 성과를 촉진하기 위해 사용하는 '당근'으로서 좋은
점수를 받을 때는 각종 혜택이 주어진다. 이런 혜택에는 우선
적 의료 서비스, 세금 감면, 더 나은 금융 조건과 신용 등이 포
함된다. 데이터는 범죄 기록, 공공 기관, 재정 기록 같은 전통
적 출처와 온라인 신용 공급업체 같은 제삼자에게서 얻는다.
중국 당국은 비디오와 인터넷 모니터링을 통한 자동화 데이터
수집도 실험하고 있다.

수와 측정이 성과를 높이는 수단이자 징계의 수단이 될 수
있다는 신념이 미국, 노르웨이, 중국 등 어느 문화에서나 중심
을 차지하고 있다. 아마 아마존의 문두루쿠족과 피라항족 외
에는 전 세계 모든 사람과 사회가 수를 통한 모니터링, 자극,
동기부여는 물론 성과 증진이 가능하다고 믿는 수 유행병의
영향을 받는 것 같다.

큰 부작용

사회, 기업, 조직이 적절히 기능하기 위해 측정과 정량화가 필
요하다는 것은 충분히 이해가 간다. 그렇다면 그런 효과가 더
이상 나타나지 않는 것은 언제부터일까? 수가 성과를 향상시
키는 존재에서 그 반대가 되는 때는 언제일까?

여러 연구자가 기업의 측정 시스템 및 상여금 등 보너스 사

용과 관련된 부분을 비롯해 이 문제에 대해 조사했다. 이들 연구는 금전적 보너스는 단기적이고 작은 효과에 그치며, 특별한 혜택이 오히려 그 혜택의 목적을 방해할 수 있다는 것을 밝혀냈다. 이 연구 결과는 조던 에트킨의 자기 계량화 연구와 정확하게 일치한다. 시간이 지남에 따라 외적 동기(보너스 형태로)가 내적 동기를 억누르고 보너스의 목적(그리고 효과)을 약화할 수 있다.

이외에도 측정과 정량화의 '의도치 않은 부작용unintentional side effect'(우리는 이렇게 부를 것이다)을 어렵지 않게 찾을 수 있다. 이는 자발적으로 측정과 모니터링을 실천하든, 다른 사람에 의해 측정과 정량화가 이루어지든 상관없이 적용된다. 에트킨은 자기 계량화가 단기적 성과 향상을 불러올 수 있지만, 측정은 곧 의욕을 떨어뜨리고 계속 실천하려는 의지를 없앨 수 있다는 것을 멋진 방식으로 보여주었다. 또 다른 명백한 부작용은 극도로, 일부는 자아도취에 가까울 정도로 자신에게 몰두하게 된다는 점이다. 이 장의 서두에서 소개한 티모시 페리스가 대표적인 예라는 영예를 차지할 수 있지 않을까?

또 다른 의도하지 않은 부작용은 자신의 행동을 측정 가능한 항목에 맞춰 조정하는 것이다. 예를 들어 앱에서 특정 형태의 운동에 관련된 칼로리 또는 걸음 수를 계산하지 못하는 경우, 그 운동을 하지 않는다. 그러지 않으면 계산이 잘못되거나 불완전해지니까 말이다. 기업과 조직에서 익히 알려진 문제다. 이는 보상 시스템이나 핵심 지표와 관련되었을 때 특히 두드러진다. 직원들은 측정되어 보상이 이루어지는 것에 맞춰 행동의 우선순위를 정하고, 보상이 주어지지 않는 것(종종 대단히 중요한)은 우선하지 않는다. 이와 관련해 측정이 부정행위와 자기기만으로 이어질 수도 있다. 앱의 걸음 수를 높이기 위해 스마트폰을 손으로 흔드는 것부터 칼로리를 계산할 때 케첩을 채소로 분류하는 등의 일이 여기에 해당된다. 케첩은 어차피 토마토로 만드니까!

흔한 부작용의 또 다른 예는 수가 정확하지 않거나 불완전한지 자문해야 할 때도 수에만 의존하는 것이다. 이로 인해 성능을 향상시켜야 할 상황이 정반대 결과를 낼 수도 있다. 예를 들어 수면 앱에 수면의 질이 나쁘다는 수치가 나오면, 앱이 부정확하게 측정해 실제로는 잠을 제대로 잤다 하더라도 낮에 더 피곤하고 기분이 나쁘다고 느끼는 것이다.

측정의 의도치 않은 부작용 중 마지막으로 언급할 것은 측정하기로 선택한 종류의 일을 개선하는 데 지나치게 집중하게 되는 것이다. 체중과 칼로리 섭취를 확인하다 보면 식단에 지나치게 집착하고 칼로리와 함께 삶의 즐거움도 사라질 위험이 있다.

그렇다면 여기에서 도출할 수 있는 수 백신은 무엇일까?

1 엘리트 운동선수가 아니거나 의학적 이유가 있는 경우가 아니라면 측정 기기는 가끔 치워두어라.

2 내적 동기가 외적 동기보다 훨씬 강력하다는 것을 명심하라. 날씬해지기 위해 먹는다면 당근은 맛이 없어진다는 사실도.

3 측정은 의욕 저하와 자기기만으로 이어질 수 있다. 자신에게 솔직해져야 한다.

4 휴고 캄포스와 그의 제세동기 이야기를 잊지 마라. 당신의 수는 당신 것이다. 어떤 대가를 치를지 모른 채로 당신의 수를 핏빗, 구글, 기타 다른 사람에게 넘기지 마라.

5 수와 측정값에 강력한, 의도치 않은 부작용이 있다는 것을 명심하라.

당신이 하는 일, 그리고 당신이 하는 일에 수가 미치는 영향에 대한 이야기는 아직 끝나지 않았다. 수는 의욕과 성과에만 영향을 주는 것이 아니기 때문이다. 수는 당신이 무엇을 경험하고 배우는지에도 영향을 미친다.

수와 경험

NUMBERS AND EXPERIENCES

몇 년 전 나는 마이애미 비치에서 열린 대규모 IT 콘퍼런스에서 마지막 연설자로 나섰다. 내가 직접 돈을 낸다면 절대 갈 수 없을 고급 호텔에서 열린 행사였다. 콘퍼런스를 위해 그곳에 간 덕분에 식구들이 행사 전 일주일 동안 무료로 숙박할 수 있었다. 나는 구름 위에 떠 있는 듯한 기분이었다. 호텔에는 깊은 역사, 유명한 고객, 멋진 주변 환경과 분위기 등 모든 것이 있었다. 고향의 친척과 친구들에게 얼마나 자랑하고 싶던지.

체크아웃을 하고 공항으로 가는 차를 기다리는데 휴대폰 알림음이 울렸다. '우리 호텔에서의 경험을 평가해주십시오.' 객실부터 음식, 서비스, 숙박 시설의 청결도, 소음 수준, 환경까지 모든 것을 1부터 10까지 수로 평가해야 했다. 그곳에서 머문 시간은 정말 근사했지만, 청결도에는 7점 이상을 줄 수 없었다. 바닷바람에 수영장 옆 야자수에서 날려온 큰 나뭇잎이 여기저기 떨어져 있었기 때문이다. 소음 수준에서도 마찬가지였다. 저녁에 공연자들이 연주할 때면 대단히 큰 소리가 들려왔다. 모든 항목에 점수를 매기자 총점은 10점 만점에 평균 8점이었다.

그토록 멋진 경험이었는데, 8점으로 요약하자 그렇게 멋지다는 느낌이 들지 않았다. 고향으로 돌아와 콘퍼런스가 어땠냐는 사람들의 물음에 나는 좋았다고 답했다. "8점짜리 호텔에서 묵었어." 내가 경험한 모든 것에 대한 의기양양한 자랑은 없었다. 8점은 그리 자랑할 만한 것이 아니지 않은가. 점수를 매기는 일은 내 경험을 깎아내렸다. 사람들에게 자랑하고픈 경험, 말로 다 묘사하기 힘든 찬란한 아름다움(아마 거기에는 약간의 허풍도 있었을 것이다)은 아쉬운 한 자릿수로 축소되어버렸다.

미카엘

왜 이런 일이 일어난 것일까?

수가 하는 일이 바로 이런 것이기 때문이다. 수는 요약하고 축소한다. 또 미묘하고 다채로운 모든 것을 단순하고 정확한 것으로 바꾸어놓는다. 경험은 다양하지만 수는 정확하다(수는 자신만의 뉴런까지 보유하고 있다).

우리의 경험은 다양한 인상을 바탕으로 하며, 거기에는 느끼고, 듣고, 보고, 냄새 맡고, 맛보는 등 여러 감각이 관련된다. 이런 모든 인상의 조합이 경험을 유일무이하게 만든다. 경험의 놀라운 점이 바로 이것이다. 하지만 이는 경험이 직접 겪은 자신조차 해석하고 설명하기 어려운 것일 수 있다는 의미이기도 하다. 더구나 우리 경험은 상상할 수 있는 모든 것에 영향을 받는다. 특히 우리가 경험해야 한다고 생각하는 것에 영향을 받는다. 고통 같은 것을 예로 들어보자. 고통은 유쾌한 경험은 아니지만 어쨌든 경험이다. 우리가 고통을 느끼는 것은 고통받고 있다고 '믿기' 때문은 아닐까?

25년 전의 흥미로운 사례가 있다. 한 건설 노동자가 넘어지면서 판자에서 똑바로 튀어나와 있던 길이가 15센티미터인 못에 발을 찔렸다. 못은 그의 부츠를 관통했고 그는 고통 때문에 비명을 질렀다. 너무나 심하게 고통을 호소했기 때문에 의사들은 모르핀보다 최대 100배 강력한(그리고 위험한) 진통제 펜타닐을 투여할 수밖에 없었다. 하지만 그의 부츠를 벗긴 의사들은 못이 두 발가락 사이에 끼어 있고 그는 전혀 다치지 않았다는 것을 발견했다. 〈브리티시 메디컬 저널British Medical Journal〉에 과학 기사로 실릴 정도로 흔치 않은 사건이었다.

믿음은 반대 효과를 발휘하기도 한다. 모든 것이 정상적이라고 생각할 경우 마땅히 느껴야 하는 것보다 훨씬 적은 고통을 느끼게 된다. 우리의 경험은 매우 개별적일 뿐 아니라 주변에서 어떤 일이 일어나는지, 어떤 느낌을 받는지, 무엇을 믿고 보는지 등 생각할 수 있는 모든 환경에 영향을 받는다. 한 사람의 경험을 다른 사람의 경험과 정확하게 비교하는 것은 불가능하다.

이는 치료를 위해 환자를 분류할 때 환자가 주관적인 통증을 보고하도록 하는 이유이기도 하다. 주관적 통증을 보고할 때는 단어를 이용할 수도, 수를 이용할 수도 있다. 흥미로운 것은 이 부분이다. 통증을 분류하는 두 방법을 비교한 여러 연구가 두 가지 공통된 결론을 도출했다. 첫째, 두 방식을 이용한 점수는 거의 일치하지 않는다. 예를 들어 단어 방식에서 환자 A는 환자 B보다 더 강한 단어를 사용해 통증을 표현한 반면, 수 방식에서는 B가 A보다 더 높은 수로 통증을 표현한 것이다. 둘째, 환자가 수로 점수를 매길 때보다 단어로 표현할 때 고통의 편차가 더 크다. 언어적 설명을 기반으로 한 응답은 가장 약한 단어부터 가장 강한 단어까지 여러 단어 범주에 걸쳐 분산된 반면, 수를 기반으로 한 응답은 대부분 척도의 중앙에 가까운 몇 개의 수를 중심으로 모여 있었다.

점수가 매겨진 삶

따라서 수는 고통에 있어서도 미카엘이 호텔에 숙박했을 때 경험한 것과 똑같은 일을 한다. 경험을 축소하는 것이다. 특정 통증의 경우 경험을 축소하는 것은 분명 좋은 일이다. 하지만 요점은 수가 우리의 의료 경험과 건강 상태에도 영향을 미친다는 것이다.

영화 감상을 좋아하는가? 수는 영화에 대한 경험도 축소한다. 영화는 한두 시간 동안 웃음, 긴장감, 놀라움, 눈물까지 많은 것을 제공하지만, 이후 영화를 평가할 때 이런 모든 인상은 (대부분의 경우) 1에서 5 사이의 수 하나로 축소된다. 영화에 수를 자주 부여하면 시간이 지날수록 수가 작아진다. 유쾌한 일은 아니다. 미국의 연구자들은 넷플릭스에 있는 영화 리뷰 수십만 건을 분석하면서 이런 패턴을 발견했다. 시청자가 새로운 영화에 점수를 매길 때마다 높은 점수를 선택할 확률은 조금씩 낮아졌다. 고통 수치에서 그랬듯 점수는 척도의 중앙에 가까워지기 시작했다.

더 심각한 문제가 있다. 수는 행복한 경험도 축소시킨다는 것이다. 미카엘은 1,000명의 개인에게 몇 주 동안 일, 여가 시간, 건강, 인간관계 등 삶의 다양한 영역에서 인지한 행복에 점수를 매기도록 했다. 시간이 지날수록 참가자들은 삶의 모든 영역에서 느끼는 행복감에 평균적으로 더 낮은 점수를 매겼다.

수는 모든 경험의 다채롭고 특이한 것을 없애고, 그 경험을 정확하고 비교할 수 있는 것으로 생각하게 만든다. 우리가 더 많은 경험을 비교할수록(등급을 매길 때마다 비교가 이루어진다. 전혀 의식하지 못한 채 말이다) 개별적 경험이 특별하게 두드러지거나 높은 점수를 받는 것이 어려워진다. 그런 식으로 우리의 기준점이 바뀌고, 1년 전이라면 4점을 받았을 유쾌한 경험이 이제는 3점으로 간주된다. 수는 정밀하고, 3이라는 수는 4라는 수보다 분명히 작기에 결국 즐거운 경험이 더 이상은 즐겁게 느껴지지 않는다.

수는 자신의 경험에 호기심을 갖고 참여하던 우리를, 무엇과도 비교할 수 있도록 정확한 수의 형태를 띠는 진실의 잣대를 갖춘 전문 논평가로 바꾸어놓는다. 우리는 호텔, 영화, 레스토랑, 병원 진료, 강의(마음에 상처가 남은 우리 강사들은 이 트라우마를 자꾸 떠올릴 수밖에 없다), 화장실 방문에 이르기까지 모든 것에 등급을 매겨달라고 요청받는 시대에 살고 있다. 이렇게 수가 점점 더 많은 경험에 침투하면서 전문 논평가가 우리 삶에서 점점 더 큰 힘을 얻는다.

우리 내면의 전문 논평가는 자신의 경험을 통제하는 데 그치지 않고, 다른 사람들의 경험에 대한 권한까지 손에 쥔다. 우리가 호텔, 영화, 화장실 등에 부여하는 점수는 종종 다른 사람들의 눈에 띄는 중간값으로 자리 잡기 때문이다. '다른 고객들은 이 호텔에 3.7점을 주었다.' 이 사실을 알았을 때와 혼자 점수를 매길 때가 정말 같을까? 영향을 받는다면 이런 점수는 결국 다른 사람의 경험에 기반을 둔 수치가 된다.

우리는 수백 명에게 새로 나온 초콜릿 바를 맛보게 하는 실험으로 이 점을 확인했다. 스웨덴의 대형 초콜릿 제조사 한 곳에서 새로운 맛의 초콜릿 바를 출시할 참이었고, 우리는 사람들에게 처음으로 이 초콜릿을 맛보게 할 기회를 얻었다. 이 연구에서 실험 참가자 중 절반은 초콜릿을 맛보기 전에 다른 사람들이 이 초콜릿에 매긴 평점이 10점 만점에 5점 이하로 낮다는 것을 알게 되었다. 나머지 참가자는 다른 사람들이 이 초콜릿에 5점 이상의 높은 평점을 주었다는 이야기를 들었다. 이후 참가자들은 직접 초콜릿을 맛보고 점수를 매겼다. 첫 번째 그룹은 초콜릿 맛에 두 번째 그룹보다 상당히 낮은 점수를 주었다. 우리는 이 경험을 말로도 설명해달라고 요청했다. 낮은 점수를 준 사람들은 '괜찮다', '그냥 그렇다' 등 다소 미온적인 단어를 사용했다. 두 번째 그룹은 '정말 맛있다', '훌륭하다' 같은 어구를 사용하는 경향이 상당히 강했다. 모두 같은 초콜릿 바를 맛보았지만, 시식하기 전에 본 수가 그들에게 완전히 다른 경험을 제공한 것이다.

다른 방식으로도 이런 효과가 나타날까? 마음을 결정한 후에도 다른 사람이 매긴 점수가 소급적으로 우리의 경험에 영향을 줄까?

이 역시 초콜릿으로 실험했다. 100명이 새로운 초콜릿 바를 맛보았고, 다 먹은 후 그룹의 절반은 다른 사람들의 평점이 5점 이하라는 말을 듣고 나머지 절반은 평점이 5점 이상이라는 이야기를 들었다. 결과는 이전 실험과 동일했다. 낮은 점수를 접한 사람은 낮은 점수를 줬고 경험을 묘사할 때 좀 더 미온적인 단어를 사용한 반면, 높은 점수를 접한 사람은 자신의 경험을 더 높은 점수와 좀 더 열의 있는 단어로 묘사했다.

우리는 수가 정확하다고 생각한 나머지 자신이 직접 경험한 인상조차 바꾸어버린다.

내가 이걸 좋아했던가?

이것이 우리가 인스타그램에 게시한 파티, 여행, 저녁 식사 등을 담은 사진에 얼마나 많은 좋아요를 받았는지에 그렇게 민감한 이유를 설명해줄 수 있을까? 사진 밑에 달린 수가 그 경험이 실제로 얼마나 좋았는지 우리에게 이야기해주는 것일까? 정말 멋진 경험이었다고 생각하는 것을 담은 사진을 게시한 후 예상보다 좋아요가 훨씬 적어 실망한 적이 대부분 있을 것이다.

나는 정말 환상적인 콘서트에 다녀왔다. 최근에 발견한 밴드의 공연이었다. 믿을 수 없을 정도로 좋은 라이브에, 공연장을 꽉 채운 관객의 강렬한 분위기에(스웨덴 사람들은 공개적인 자리에서 감정 표현을 별로 하지 않는 것으로 유명하다) 무척 놀랐다. 저녁 늦게 집에 돌아와 구글에서 콘서트 후기를 검색했다(그 자체가 다소 이상한 행동이다. 내가 직접 가서 얼마나 좋았는지 알고 있었으니 말이다). 나는 그날 밤 벅찬 감정에 조금 더 빠져들고 싶었고, 공연에 대한 글을 읽으면서 내 경험을 더 확장하고 싶었다. 검색 결과에서 가장 위에 있는 것을 클릭했는데, 유명 타블로이드지에 실린 리뷰였다. 놀랍게도 리뷰는 콘서트에 5점 만점에 3점을 주는 것으로 시작되었다. 나는 그 기사에 실린 공연, 선곡, 그 밖의 모든 것에 대한 불평에 전혀 동의하지 않았는데도, 5점 만점에 3점이라는 수를 떨쳐버릴 수 없었다. 나도 모르게 콘서트가 그리 대단하지 않았던 것일지도 모르겠다고 생각하는 나를 발견했다.

미카엘

인스타그램 이야기로 돌아가보자. 나는 2,000명에 가까운 사람들에게 가장 최근의 인스타그램 게시물에 대해 설명하고 수와 글로 그 사진에 담긴 경험을 묘사해달라고 요청했다. 절반은 게시물이 얼마나 많은 좋아요를 받았는지 확인하고 점수를 매기도록 했고, 다른 절반은 점수를 매긴 후 좋아요 수를 확인하도록 했다. 결과가 짐작되는가? 참가자가 자신의 경험에 매긴 점수는 게시물이 받은 좋아요 수와 일치했다. 좋아요가 많을수록 점수가 높았다. 우리는 이것이 대다수가 그 게시물의 좋아요가 많았는지 적었는지 기억하고 있으며, 좋아요의 대부분을 게시하고 몇 시간 안에 받기 때문에 게시물에 대한 기억과 좋아요에 대한 기억이 합쳐지기 때문일 것으로 추측했다. 머릿속에서 경험과 수를 분리하는 것은 절대 불가능하다. 정말 충격적인 증거는 참가자들이 먼저 좋아요 수를 확인했을 때 그 연결성이 더 강해졌다는 것이다. 많은 좋아요는 더 높은 점수로 이어졌고, 참가자들은 자신의 경험을 더 강렬하고 긍정적인 단어로 묘사했다.

"겪어보지 않고는 모른다니까요"라는 말은 이제 끝이다.

좋아요 수가 우리 경험에 영향을 주는 방식에서 정말 이상하고 소름 끼치는 부분은 그 수가 경험 자체와는 전혀 상관이 없다는 점이다. 나와 불만스러운 리뷰어는 최소한 같은 콘서트에 가기는 했다. 당신이 가본 식당에 평점을 매긴 익명의 사람들도 당신과 같은 음식을 먹었거나 같은 장소에 있었다. 하지만 인스타그램 게시물에 당신이 받는 좋아요는 그곳에 가보지 않은 사람, 당신이 한 것을 경험해보지 않은 사람, 그 경험이 어떤 것인지 전혀 모르는 사람의 수다. 그런데도 그 수가 경험에 대한 일종의 기준이 된다.

더 오싹한 이야기를 해볼까? 당신은 그 수가 당신이 다음에 '무엇'을 경험하기로 선택하는지, 당신이 그것을 '어떻게' 경험하기로 선택하는지에 영향을 미치도록 놓아둘 위험이 있다. 자신의 인스타그램 피드를 앞으로 돌려 확인해보라. 처음에 당신은 다양한 행사와 경험에 관련된 사진을 게시했을 것이고, 그중 일부는 더 많은 좋아요를 받았을 것이다. 아마도 높은 확률로 좋아요를 많이 받은 사진을 연상시키는 사진을 더 자주 게시하는 패턴이 나타날 것이다. 그런 식으로 좋아요 수가 어떤 경험이 다른 사람들에게 공유할 만한 가치가 있는지, 또는 다시 경험할 가치가 있는지를 결정한다.

마찬가지로 음식점에서 얼마나 맛있어 보이는지 대신 인스타그램에 게시했을 때 얼마나 많은 좋아요를 받을지 생각해서 메인 요리를 선택하는 자신을 발견한 적은 없었는가? 이런 식으로 서버가 추천하는 것(결국 그들도 당신이 무엇을 좋아하는지는 모르며, 아마 그것을 추천하라는 지시를 받았을 것이다) 혹은 일행 중 누군가가 제안하는 것("우린 기호가 전혀 다르잖아") 대신 익명의 사람들이 보낼 좋아요의 가능성을 기반으로 메인 요리를 선택하는 사람이 생각보다 많을 것이다.

좋아요 수는 우리 경험을 특유의 것으로 만드는 어지럽고 주관적인 요소를 모두 제거한다. 다른 누군가 자신의 경험을 말로 묘사할 때면, 우리는 그것을 바로 그 사람의 경험, 그저 하나의 경험으로 여긴다. 하지만 그 사람이 수를 사용하면, 우리는 갑자기 그 경험을 사실로, '대표성'이 있는 경험으로 본다.

수의 위험성에 대한 책을 쓴 저자조차 몇 년 전 10점으로 느껴지는 온라인 강연을 한 뒤, 세계 여러 곳에서 강연을 들은 참가자의 평점이 '겨우' 7점이라는 주최 측의 평가를 듣고 안 달했을 정도다. 그는 낮은 점수를 줘 평점을 끌어내린 사람들의 댓글을 확인하고, 거의 모두가 영상과 음성이 맞지 않는다는 데 대한 불만이었음을 발견했다. 달리 말해, 낮은 점수는 강연자로서 그가 기울인 노력과는 아무런 관계도 없었다. 그렇다면 그들이 평균을 끌어내린 것이 문제가 되는 이유는 무엇일까? 영상과 음성에 대한 댓글을 머릿속에서 지우는 것은 어렵지 않은 일이다. 하지만 수는 여전히 거기에 있다. 그(익명을 원한)는 지금까지도 그 점수를 조금은 수치스럽게 여기면서 사람들이 점수를 보고 그가 '좋은 강연자'가 아니며 엉터리라고 생각하지 않을까 걱정한다(그는 지금도 수에 대한 글을 쓸 때면 가끔 자신이 사기꾼처럼 느껴진다고 한다).

직접 겪은 경험에 대해서도 타인의 수가 기준이 된다면, 영화나 식당을 선택할 때처럼 우리가 아직 해보지 않은 경험과 관련해서는 얼마나 쉽게 수에 영향을 받을까?

어떤 영화를 몹시 보고 싶었지만 까다로운 리뷰어가 낮은 점수를 준 것 때문에 보지 않기로 결정한 적이 있지 않은가? 아마 그 리뷰어의 글까지 읽지 않았더라도, 혹은 읽고 나서 그가 너무 까다로운 사람(우리가 이야기했던 대로, 점수를 주는 일을 많이 하면 모두가 그렇게 된다)이라고 판단했더라도, 점수를 머릿속에서 지울 수 없었을 것이다. 낮은 점수를 준 사람이 너무 많아서 식당을 피한 적도 있을 것이다(한 리뷰에 '웨이터가 프랑스 와인에 대해 전혀 모른다'라고 적혀 있다. 그리고 당신은 프랑스 와인을 마시지 않는다. 하지만 수는 여전히 수다!).

어떤 호텔을 선택해야 할까? 리뷰에 객실이 훌륭하고 조식이 맛있다고 적혀 있는 호텔? 객실은 별로고 조식은 괜찮은 호텔? 이 정도면 간단한 선택이다. 하지만 첫 번째 호텔의 점수가 3점이고 두 번째 호텔은 5점이라면? 더 이상 당연한 답은 없다.

어쩔 수 없이 우리는 또 실험을 했다. 1,000명을 대상으로 호텔 리뷰를 읽게 했다. 한 리뷰는 호텔에 대해 다소 미온적인 단어(조식이 괜찮고 방은 보통이었다는 말을 포함한)로 이루어져 있었으나 최고점(5)을 주었다. 다른 리뷰는 극히 긍정적이었으나(조식이 맛있고 객실이 훌륭했다는 말을 포함한) 점수는 3점으로 매겼다. 글로 이루어진 리뷰에 좋은 것과 나쁜 것에 관련된 훨씬 많은 정보가 있었음에도 사람들은 평균적으로 점수가 5점인 호텔을 선택하는 경향이 조금 더 강했다. 이는 분명 그들이 글로 이루어진 평가보다 수에 더 많은 영향을 받았다는 것을 의미한다.

낮은 점수의 이런 억제 효과로 사람들이 다른 이의 사업을 방해하기 위해 고의로 낮은 점수를 주는, 유쾌하지 않은 현상이 늘어났다. 식당, 카페, 호텔, 옷 가게 같은 소규모 업체는 특히 공격받을 위험이 높다. 점수를 줄 고객이 그리 많지 않아서 새로운 점수 하나하나가 평점에 큰 영향을 주기 때문이다.

하지만 대기업 역시 우리가 '사보레이팅sabo-rating'(방해 행위, 파괴 행위를 뜻하는 sabotage와 점수를 매긴다는 뜻의 rating을 결합한 단어—옮긴이)이라고 부르는 행위, 즉 사람들이 방해를 위해 낮은 점수를 주는 행위의 대상이 되고 있다. 최초의 흑인 히어로를 다룬 마블의 영화 〈블랙 팬서Black Panther〉를 보려는 사람들의 의욕을 꺾고 로튼 토마토Rotten Tomatoes(평론가와 일반인이 영화에 평점을 매기는 사이트—옮긴이)에서 최하점을 주기 위해 개설된 그룹을 페이스북이 폐쇄했다는 소식이 신문 1면을 장식한 일이 있다. 디즈니 역시 몇 차례 비슷한 영화 사보레이팅의 대상이 된 적이 있다. CNN의 모바일 앱은 도널드 트럼프에 대한 부정적 기사를 게재한 후 24시간 만에 수천 개의 최하점(1)을 받았으며, 플로리다의 고급 호텔 보카 레이턴 리조트Boca Raton Resort는 유명 유튜버가 구독자들에게 방해 행위를 부추긴 후 몇 시간 만에 평점이 수직 하락했다.

사보레이팅은 식당, 호텔, 상점이 구글, 옐프Yelp(지역 서비스 리뷰 사이트—옮긴이), 트립어드바이저 등의 결과 목록과 순위를 결정하는 모든 수 기반의 알고리즘에 영향을 줌으로써 부가적인 문제를 야기한다. 이 알고리즘은 우리가 그렇듯 단어보다 수에 의존하며 낮은 점수를 받은 것은 모두 걸러낸다.

사람들은 "수는 거짓말을 하지 않는다"고들 한다. 아니, 수는 분명히 거짓말을 한다. 어떤 것에 점수를 매기거나 다른 사람들이 매긴 점수를 확인할 기회가 오면 이에 대해 생각해보라.

당신이 부여하는 점수는 다른 사람이 같은 경험에 부여하는 점수에 영향을 미치며, 그 반대도 마찬가지라는 점에 유의하라. 우리는 수가 현실을 결정한다고 생각하는 경향이 있기 때문에, 우리가 경험에 대해 어떻게 생각하든지 상관없이 우리 자신도 평점에 가까운 점수를 매기는 경향이 있다(그 경험을 직접 해본 경우조차), 메타크리틱Metacritic(유명 비평가들의 음악, 게임, TV, 영화 리뷰를 모은 사이트—옮긴이)의 영화 평점, 아마존의 도서 평점, 옐프의 식당 평점을 분석한 미국의 연구자들은 만족하지 못한 사람(아마도 까다로운 리뷰어나 사보레이팅을 하는 사람)이 처음 점수를 매기는 경우, 완벽하게 만족한 사람이 처음 점수를 매기는 경우에 비해 사람들이 지속적으로 낮은 점수를 주는 경향이 강하다는 것을 발견했다. 사람들은 처음의 평점을 기준 삼아 어느 정도 그것을 모방하는 듯했다. 사람들이 리뷰에 쓴 내용과 평점을 비교한 연구자들은 글과 점수에 연관이 거의 없는 것처럼 보인다는 것(실제 판매량에는 전혀 다른 영향을 주었다)을 발견했다.

다시 그 고급 호텔 얘기로 돌아가보자. 미카엘이 묵은 바로 다음 해의 일이다. 나는 미카엘의 추천(직접, 말을 통한)과 트립어드바이저와 부킹닷컴Booking.com의 높은 순위에 힘입어 그 호텔에 기회를 주기로 결정했다. 부킹닷컴의 전체 평점은 8.1, 위치 8.6, 편의성 8.6이었다. 온 가족이 기대에 차 마이애미 비치에 도착하자 야자수, 아름다운 해변, 찬란한 태양이 우리를 맞이했다. 내가 우버에서 가장 먼저 확인한 것은(운전자의 점수 외에) 부킹닷컴의 호텔 주소였다. 그러고는 호텔의 평점이 낮아졌다는 것을 발견했다. 8.1점에서 7.9점으로! 꿈의 호텔이 하룻밤 새 형편없는 호텔로 뒤바뀐 것이다. 나는 필사적으로 점수를 뒤져 무엇이 평가를 끌어내렸는지 찾았다. 풀 주변의 '와이파이 연결'이 6.7점을 받았다. 야외 식음료의 '가성비'가 7.6점이었다.

그 뒤에 어떤 일이 일어났을까? 당신의 짐작대로다. 나는 호텔에 머무는 대부분의 시간 동안 형편없는 와이파이 연결과 풀 사이드에서 한 잔에 17달러에 팁까지 내고 마시는 뜨끈한 화이트 와인에 시달렸다. 아내와 아이들이 부킹닷컴과 트립어드바이저의 호텔 평점이 떨어진 것에 대해 알지 못한 채 버진 피나콜라다를 들고 함박웃음을 지으며 멋진 풀 주위를 신나게 돌아다니는 동안 말이다.

헬게

70만, 당신도?

여기에서 멈출 수도 있었다. 하지만 글을 쓰는 동안 팬데믹이 끼어들었다. 매일 뉴스를 수로 채우는 팬데믹. 코로나19와 많은 변종에 감염된 사람의 수, 보고된 사망자 수. 우리는 궁금하기도 하고 걱정도 됐다. 우리가 이 장의 첫 부분에서 밝혔듯 수가 통증과 관련된 의학적인 경험에도 영향을 준다면, 수의 유행병과 팬데믹이 만난 이 시점에 코로나 바이러스와 관련된 이 모든 수는 사람들에게 어떤 영향을 미칠까?

2021년 겨울, 우리는 2,000명의 스웨덴인에게 자신의 건강에 대해 어떻게 느끼는지, 감염될 위험이 얼마나 크다고 생각하는지, 코로나 바이러스에 감염되는 것에 대해 얼마나 걱정하는지 질문했다. 3분의 1은 질문에 즉시 답하게 한 반면, 3분의 1은 우선 현재의 감염자 수에 대해 듣게 했고, 나머지 3분의 1은 현재 보고된 사망자 수에 대해 듣게 했다.

질문에 바로 답한 사람들은 평균적으로 자신이 감염될 확률이 약 30%라고 평가했다(흥미롭게도 스웨덴의 평균 감염률은 40%

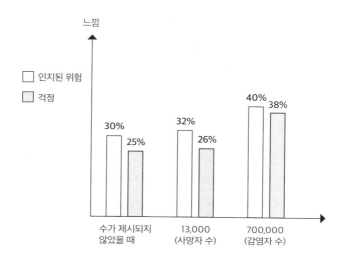

느낌

□ 인지된 위험
□ 걱정

30%
25%

32%
26%

40%
38%

수가 제시되지
않았을 때

13,000
(사망자 수)

700,000
(감염자 수)

가 넘는다고 예측했다). 이는 2020년의 실제 감염률 7%보다 훨씬
높은 수치였다. 아마 이미 뉴스를 통해 받은 수의 폭격으로 감
염률이 훨씬 높다는 막연한 감각을 가지게 되었을 것이다.

하지만 현재 스웨덴의 감염자 수(70만)를 확인한 3분의 1은
감염 위험을 약 10% 높은 40%로 평가했다(자신과 다른 사람에
대해서 모두). 그들이 느끼는 불안도 같은 정도로 커졌다. 실제
로 스웨덴의 감염률은 7%에 불과했다(모든 스웨덴인이 알듯 스웨
덴의 인구는 1,000만 명이 조금 넘는다). 하지만 앞서 언급했던 것처
럼 인간은 수에 대한 본능적 반응을 막아낼 수 없으며, 70만은
우리가 다루고 이해해야 하는 자연의 의도를 훨씬 넘어서는
정말 큰 수다. 이는 훨씬 적은 1만 3,000이라는 사망자 수를 확
인한 사람들이 위험을 더 낮게 평가하고 걱정을 덜한(물론 수를
전혀 보지 않은 사람보다는 걱정이 커졌지만) 이유를 설명해준다.

사람들의 위험 평가와 우려가 두 수 사이에서 달라진 것은 감염되는 것이 죽는 것(우리가 생각하고 싶지 않아 하는)보다 가능성이 높게 느껴지기 때문일 수도 있다. 그런 이유에서 우리는 실험을 다시 했고 수를 비율(감염률 7%와 사망률 0.2%)로 표현했다. 어떤 결과가 나왔을까? 7%의 감염이라고 표현하자 사람들은 70만이라고 말했을 때보다 위험을 낮게 평가하고 걱정도 덜했다. 하지만 0.2%의 사망률이라는 훨씬 작은 수보다는 걱정이 컸다. 두 그룹 모두 수를 전혀 접하지 않은 사람들에 비해 여전히 위험을 높이 평가했다.

　이는 정량화되지 않고 쉽게 묵살할 수 있는 감정보다, 비교적 작은 수이더라도 수가 훨씬 더 실제적이고 두려움을 유발하는 상황에서, 우리가 수로부터 자신을 방어하는 것이 얼마나 어려운지 분명히 이야기해준다. 이것은 왜 팬데믹 첫해에 스트레스, 우울증이 있는 사람들과 정신 건강이 악화된 사람의 수가 증가했는지, 왜 실제적 고립과 고립감 모두가 증가했는지 설명해주며, 스웨덴과 노르웨이를 비롯한 여러 국가 당국이 끊임없이 기자회견을 열고 정책을 만든 이유도 부분적으로 설명한다. 수가 너무나 실제적이고 커서 즉각 대응하지 않을 수 없었던 것이다.

　걱정스럽게도 이런 결론은 모든 유형의 수를 끊임없이 접해야 하는 사회의 전반적인 숫자화가 당시에 이해한 것보다 우리의 안녕과 안정감에 훨씬 크고 번거로운 영향을 주었을 수도 있음을 의미한다. 이는 다음 장에서 우리가 팬데믹에 대해 더 깊이 파고들어야 할 이유가 되었다.

지금은 우선 경험에 수가 미치는 영향을 상기시키는 수 백신을 소개하기로 한다.

1 수는 경험을 축소한다. 수는 기껏해야 경험에 포함된 여러 차원과 측면의 평균이라는 것을 명심하라(그조차 아닐 때도 있다).

2 경험에 수를 부여한다고 경험이 비교 가능한 대상이 되는 것은 아니다. 모든 경험은 유일무이하다.

3 당신의 수든, 다른 사람의 수든, 경험에 앞서든 뒤따르든, 모든 수는 당신의 경험에 영향을 미친다는 것을 의식하라.

4 점수를 매기는 일은 당신을 까다로운 사람으로 만든다. 점수를 많이 매길수록, 당신이 부여하는 점수는 낮아진다. 그런 이유 때문에 어떤 것, 어떤 사람에게든 점수를 매기는 데 주의를 기울여야 한다.

5 수는 말보다 많은 정보가 아닌 적은 정보를 담고 있다. 수가 다른 정보를 대체하도록 놓아두지 마라. 다른 정보를 이용해 수를 해석하라.

안타깝게도 이런 보너스 팁도 추가해야겠다.

6 수는 고통을 어떻게 경험하느냐에 영향을 줄 뿐 아니라 팬데믹 전체를 더 악화시킬 수 있다. 바이러스에 대항하는 백신을 접종하듯 수에 대한 백신도 접종해야만 한다.

우리가 다른 사람과 공유하는 경험에 수가 영향을 준다면, 자연스럽게 우리의 인간관계에도 영향을 주지 않을까 하는 의문이 든다. 수 유행병이 바이러스 유행처럼 전염되는 것이라면, 우리의 수로 다른 사람을 감염시킬 수도 있을까?

수와 인간관계

NUMBERS AND RELATIONSHIPS

2015년 9월 말, 피플Peeple은 인터넷에서 가장 미움받는 앱이 되었다. 론칭도 하기 전에 말이다. 〈워싱턴 포스트〉는 이미 약 800만 달러의 가치를 지닌 것으로 평가되던 이 앱에 대한 기사를 냈다. 기사는 피플을 '사람에 대한 옐프'라고 묘사했다. 옐프가 업체를 평가할 수 있도록 하는 것과 마찬가지로, 피플은 다른 사람을 일, 사회성, 연애 측면에서 1부터 5까지 척도로 평가하는 것을 가능하게 한다. "차를 사거나 그와 유사한 결정을 할 때면 많은 조사를 거칩니다. 삶의 다른 측면에서도 같은 종류의 조사를 하면 어떨까요?" 창립자들은 이런 질문을 던진 후, 피플이 자신의 성격을 세상과 공유하고 신뢰할 수 있는 사람을 찾는 일에 완벽한 앱이라고 설명했다. "우리는 사랑과 확신을 전파하고자 합니다."

하지만 피플은 이 앱이 디스토피아적 미래 비전이라며 '끔찍하다'는 말로 기사를 마무리한 기자에게 사랑과 확신을 얻지 못했다. 세상의 다른 매체들도 비슷했다. 방송과 신문 지면에 이어 소셜 미디어상에서도 폭발적인 반응이 터져 나왔고, 창립자들은 혐오 댓글의 폭격을 받았다.

이런 소란으로 앱의 출시가 미뤄졌고 6개월 후 이전에 설명했던 것과는 다른 모습으로 시장에 나왔다. 이용자가 점수로 평가를 받고 싶은지, 점수를 보이게 하고 싶은지 선택할 수 있었다. 피플에 대한 리뷰는 다소 미지근했다. 이후 피플은 거의 존재감이 없는 상태를 이어오고 있다. 결국 〈워싱턴 포스트〉가 말했던, 앱을 통해 서로에게 점수를 매기는 디스토피아적 미래 비전은 현실화되지 못했다.

하지만 현실은 그보다도 훨씬 더 나쁘다. 세 가지 정해진 방식으로 서로를 평가하는 앱 대신, 우리는 이제 상상할 수 있는 모든 방식으로 우리의 인간관계에 점수를 매기고 영향을 미치는 수백 개의 앱과 '서비스'를 갖추었기 때문이다. 방금 신발 가게에서 당신을 도운 직원에게 점수를 매길 수 있다. 방금 처방전을 써준 의사, 요가 강사, 축구 팀 코치, 선생님에게 점수를 매길 수 있다. 학생들은 레이트마이티처스닷컴ratemyteachers.com과 레이트마이프로페서스닷컴ratemyprofessors.com에서 스승에게 수백만 개의 수를 부여했다.

이들 점수를 자세히 살핀 교사와 교수는 그 수들이 대개는 학생이 해당 과목에서 받은 점수에 만족하는지, 그날 지각해서 야단을 맞았는지, 교사가 매력적이라고 생각했는지(놀랍게도 자주 있는 일이다. 2018년까지 레이트마이프로페서스닷컴에는 '핫 칠리 페퍼hot chili pepper'라는 별개의 범주가 있었다) 등 교사와 교수보다 학생에 대해 더 많은 이야기를 들려준다는 것을 발견했다.

교수로서 계속 점수와 순위가 매겨지는 위치에 있기 위해서는 튼튼한 위장과 굳건한 정신력을 갖춰야 한다는 것이 내 생각이다. 레이트마이프로페서스닷컴에서만 평가받는 것이 아니다. 대부분의 대학은 내부적으로 학생들이 모든 강의를 평가하게 한다. 특히 수업의 규모가 작을 경우에는 만족하지 못한 한 학생의 나쁜 점수 하나가 강의 전체의 평점을 완전히 망칠 수도 있다. 그 점수의 뒤에 있는 동기가 농담의 질, 억양, 외모("탈모가 진행 중인가요?")일 때라면 짜증은 극에 달한다. 강사에게 약간 좋지 않은 대우를 받았다는 이유로 보복하려는 학생도 있다. 시험을 치르기 위한 자격 조건을 충족시켜야 한다는 것을 잊은 한 학생이 다음과 같은 최후통첩을 보낸 적도 있다. "시험을 치르게 해주지 않으면 강의 평가에서 1점이라는 치명적인 점수를 받게 되실 겁니다." 나는 곧바로 단호한 답을 주었고 마찬가지로 곧바로 강의 평가에서 1점을 받았다. 준 만큼 받는다고나 할까?

헬게

상사의 점수를 매길 때도(그런 서비스가 있는지는 차치하고) 같은 논리가 적용될까? 동료는? 급우는? 연애 상대는?

이런 점수가 호텔을 선택할 때와 같은 방식으로 데이트에 영향을 준다고 생각해보자. 당신은 어떤 상대를 마음에 들어 할까? 데이트 앱의 프로필이 꽤 매력적이라고 생각되는 사람? 데이트 앱의 프로필이 '대단히' 매력적이라고 생각되는 사람? 지난 장의 호텔 리뷰에서와 마찬가지로 이 선택은 간단할 것이다. 하지만 역시 호텔 리뷰에서와 마찬가지로, 그리 매력적이지 않은 첫 번째 사람의 점수가 별 5개인 반면 대단히 매력적인 두 번째 사람의 점수는 별 2개라면 선택은 까다로워진다.

100명의 데이트 프로필에 임의로 점수를 별 2개 혹은 5개를 주자, 사람들이 마음에 드는 상대를 선택하는 경향이 달라졌다. 데이트 상대의 프로필이 별 2개를 받자 프로필을 왼쪽으로 스와이프하는('사양합니다') 수가 25~30% 늘어났고, 별 5개를 받자 오른쪽으로 스와이프하는('좋습니다!') 수가 꼭 그만큼 늘어났다. 프로필 속 사람이 얼마나 매력적인가에 관계없이 말이다. 우리가 훨씬 매력적인 사람들에게 낮은 점수를 부여하고, 매력도가 떨어지는 사람들에게 높은 점수를 부여하자 참가자들은 매력적인 사람을 선택하는 경향이 커졌다. 하지만 점수를 부여하지 않았을 때와 달리 차이는 그리 크지 않았다!

앞서 언급했듯 수에 대항해 자신을 방어하는 것은 쉬운 일이 아니다. 우리는 반사적으로 낮은 점수를 받은 사람을 피하고 높은 점수를 받은 사람에게 이끌린다. 우리는 스스로에게 부여된 수를 거의 몸으로 느낀다.

문제는 수 뉴런이 위치하는 뇌의 영역인 마루엽속고랑, 즉 IPS가 수와 몸의 움직임만 처리하는 것이 아니라는 점이다. 연구에 따르면 IPS는 우리가 다른 사람의 의도를 해석하는 방식도 처리한다고 한다. 왜 그런지는 명확하지 않지만(IPS가 모든 것에 조금씩 관여하는 다용도일 수도 있다) 아마도 다른 사람의 의도를 파악하는 일, 즉 친구인지 적인지, 우리를 돕고자 하는지 해치고자 하는지 알아내는 일도, 서로 다른 양과 크기에 재빠르게 대응하는 일과 마찬가지 방식으로 생존에 결정적이기 때문일 것이다. 우리는 양과 크기를 수와 연결해 생각보다도 빨리 반응하도록 뇌를 프로그래밍한다. 위험한 부분은 점수를 매길 때도 뇌가 같은 일을 하며, 따라서 우리는 거의 자동적으로 우리와 다른 사람의 점수를 실제로 의미를 지닌 수에 대한 신호라고 해석한다는 것이다.

점수 따기

우리는 서로에게 부여한 점수에 대항해 스스로를 방어할 수가 없을뿐더러 영화나 다른 경험을 대하는 것과 같은 방식으로 서로를 볼 위험이 있다. 점점 낮은 점수를 주는 비평가처럼 말이다.

  이것이 우리의 인간관계와 스스로 행동하는 방식에 실제로 어떤 영향을 줄까?

아들은 나와 처음으로 우버를 이용하고 차에서 내리면서 모든 운전사가 우리가 방금 탄 차의 운전사처럼 친절하냐고 물었다. "보통 택시 운전사보다 훨씬 친절해요"라고 운전사가 기분 좋게 말했다. 아들은 이후 내가 스마트폰을 꺼내면서 우버 운전사는 보통 더 친절하지만, 그건 우리가 그들에게 점수를 매길 것을 알고 있으며 5점을 받고 싶기 때문일 것이라고 설명하자 약간 실망했다.

"그렇군요. 하지만 아빠도 평소보다 친절하셨어요." 아들이 어깨를 으쓱이며 말했다. "아빠도 점수를 받는 거예요?" 나는 운전사의 친절이 내게도 영향을 준 것 같다고 말하려는데, 어떤 생각이 떠올라 스마트폰을 보게 되었다. 그렇군, 나도 점수를 받는군.

그 후 나는 뒷자리에 앉을 때마다 약간의 수행 불안을 느낀다. 승차에 대한 대가를 지불하는 것만으로는 충분치 않고 승객으로서 적절히 행동해서 낮은 점수를 피해야 하기 때문이다. 그러지 않으면 다음에는 아무도 나를 태워주지 않을 테니까.

미카엘

운전사가 승객인 당신에게 낮은 점수를 줄 수 있다고 생각한다면 후한 팁을 주는 것 외에 다른 행동을 하게 될까? 운전사가 승객에게 팁을 충분히 주지 않으면 낮은 승객 점수를 받을 것이라 위협했다는 이야기도 들린다. 운전사에게 높은 점수를 주지 않는 것도 마찬가지 보복을 당할 수 있다. 이런 식으로 수가 자신에게 불리하게 이용될 수 있다는 인식은 사람들의 행동 양식을 변화시킨다. 이런 채점 행동은 의식적이든 무의식적이든 다른 인간관계에도 스며든다.

스냅챗Snapchat은 사람들이 앱을 더 자주 사용하도록 하기 위해 '스냅챗 스트릭Snapchat streak'이라는 기능을 내놓았다. 두 사람이 서로에게 스냅을 보낸 날이 얼마나 이어졌는지 보여주는 기능이다. 그 수가 특정 수준에 도달하면 사용자들은 가상의 트로피를 받지만, 하루라도 놓치는 순간 수는 0이 된다. 이 기능 때문에 젊은 사람들은 수를 계속 늘리기 위해 블랙 스냅black snap(사진, 영상, 메시지가 없는 검은 화면―옮긴이)을 보냈다. 이 블랙 스냅은 보낸 스냅의 수를 올리지만 사진이나 메시지가 담겨 있지 않다. 의미 없는 수만 남는 것이다.

부모가 앱의 모든 최신 기능을 알기는 힘들다. 그 기능에 어떻게 대응해야 할지도 파악하기 어렵다.

2017년 어느 날 저녁 나는 큰딸에게 잠자리에서 스냅챗을 이용하지 말라고, 아예 휴대폰을 침실에 가져가지 말라고 상냥하지만 단호하게 이야기했다. 아이는 평소와 달리 크게 화를 냈다. 아이는 스트릭을 충족시키지 못하게 하는 것은 자신의 인생을 망치는 일이라고 말했다. 당시 나는 '스트릭'이라는 단어에서 옷을 벗고 경기장을 뛰는 사람을 연상했기 때문에 스트릭과 아이의 삶과의 연관성이나 아이가 스트릭에 그토록 신경 쓰는 이유를 이해할 수 없었다. 큰딸은 몇 주, 몇 달에 걸쳐 스냅챗의 수많은 친구와 긴 스트릭 기록을 만들어온 것으로 드러났다. 스트릭은 분명 아이

매체는 곧 수를 광적으로 좇는 젊은이들의 스트레스와 불안에 대해 보도했다. 다른 일을 하는 동안(예를 들어 학교에 가는 등의 아주 대단치 않은 일을 할 때) 혹은 와이파이를 사용할 수 없을 때 부모에게 자기 대신 블랙 스냅을 보내달라고 사정하는 아이도 있었다. 자기 차례를 놓친 친구에게 반감을 갖는 경우도 있었다. 이 놀이에 관심이 없는데도 스냅챗에 강박을 느끼는 아이, 높은 기록을 세울 스트릭 상대가 없는 것을 걱정하는 아이도 있었다.

인간관계와 성과

수는 상상할 수 있는 모든 성인 대상 앱에도 침투했다. 당신과 상대가 서로에게 얼마나 많은 메시지를 보냈는지 헤아리거나, 로맨틱한 표현을 부추기고 계산하는 앱(아직 모르는 사람들의 인간관계를 고려해서 이름을 밝히지는 않겠지만 안타깝게도 구글 검색만 해보면 금세 알 수 있다)이 있다. 얼마나 자주, 얼마나 오래 성관계를 하는지, 관계가 얼마나 좋았는지를 기록하기 위한 앱도 있다. 모두가 인간관계의 '질'을 높이려는 좋은 의도를 가지고 있지만 한편으로는 주의를 '양'에 집중시킨다는 위험을 안고 있다.

로맨틱한 메시지 4건은 2건보다 2배 좋고, 8분간의 성관계는 7분간의 성관계보다 낫다는 것을 이해하지 못할 사람은 없다. 혹시 여기 제시된 수치를 보면서 8분이 너무 짧다고 생각하는가? 하지만 평균적인 성교가 5분이 걸린다는 연구 결과를 고려하면, 8분은 그보다 3분이 긴 '초과 성과'다. 당신의 계수기가 보여주는 일주일에 1회의 성관계가 너무 적다고 생각할지 모르겠지만, 영국의 한 연구에서 밝힌 일주일 평균 0.75회에 비하면 '초과 달성'이다. 당신은 일주일에 1회로 만족하지 못할지 몰라도, 연구는 그것이 최적의 횟수이고 그보다 성관계를 자주 하는 커플이 그 때문에 더 행복하지는 않다는 것을 보여준다.

수는 인간관계를 성과로 탈바꿈시킬 위험이 있다. 앞서 이야기했듯 수는 우리가 성과를 올리도록 영향을 미치기도 하지만 행복감을 감소시키기도 한다. 최악의 경우에는 원해서가 아니라 수를 올리기 위해 서로에게 로맨틱한 메시지를 보내고 성관계를 하게 될 수도 있다. 당신과 스냅챗을 하는 청소년 사이의 유일한 차이는 회사에서 회의 중일 때 상대에게 로맨틱한 메시지를 보내는 일을 부모에게 부탁할 수 없다는 것 정도다.

수는 정말 인간관계를 성과로 뒤바꾸는가? 이것은 답을 구하지 않고는 배길 수 없을 정도로 큰 불안감을 주는 문제다.

수가 데이트 앱의 평점이라는 형태로 연애에 영향을 미친다면 어떤 일이 벌어질까?

우리는 이를 조사하기 위한 실험을 진행했다. 우리는 데이트를 원하는 1,000명에게 익히 알려진 데이트 앱의 두 가지 다른 버전을 테스트하도록 했다. 절반은 모든 프로필에 평점이 있는 버전을, 다른 절반은 평점이 없는 버전을 테스트했다. 점수가 있는 버전을 테스트한 사람들은 더 많은 프로필을 보지만 각각의 프로필을 보는 시간은 짧았다. 가능한 효율적으로 일하는 사람들처럼 말이다. 이후 실시된 설문 조사에서는 스와이프가 일처럼 인식되었냐는 질문에 그렇다고 대답하는 비율이 높았다. 그들은 스와이프가 재밌다거나 흥미롭다고 생각하지 않았다.

그럼 로맨틱한 표현의 이야기로 돌아가보자. 여기에서는 서로 경쟁을 시작할 위험이 있다. 서로에게 더 큰 애정 공세를 펼치려 노력하는 흐뭇한 이야기로 들리는가? 하지만 상대가 매일 3회 로맨틱한 표현을 한 데 비해 자신이 2회 로맨틱한 표현을 한 경우 스트레스를 받거나 죄책감을 느낄 가능성이 있다. 더 심각하게는 매일 이기는 상대가 거슬리고 거기에서 부담감을 느낄 수도 있다. 반대의 경우도 마찬가지다. 연애 상대를 관계에 자신만큼 기여하지 않고 대충 임하는 팀원으로 보기 시작할 가능성이 있다. 최악의 경우 관계가 단절될 수도 있다.

구글에서 틴더와 관련해 가장 흔한 검색 내용은 '하루에 몇 번이나 스와이프를 하느냐', '하루에 좋아요를 몇 개나 보내느냐'다. '상대와 어떻게 맺어질 수 있느냐', '나와 잘 맞는 사람을 어떻게 만나느냐'는 구글 검색 상단의 10위 안에도 들지 못한다(반면 '하루에 얼마나 많이 맺어질 수 있느냐'는 질문은 있다).

틴더 사용자에 대한 연구는 많은 사람이 실제로 누군가를 만나고 싶어서 데이트 서비스를 이용하는 것이 아니라 순전히 자존감을 높이기 위해서나 재미로 사용한다는 사실을 보여준다. 목표는 가능한 많은 좋아요와 매칭 수를 기록하는 것이다. 이는 미국인을 대상으로 한 연구에서 질문을 받은 틴더 사용자의 무려 55%가 연인이 있다고 답한 이유를 설명해준다(틴더에서 연인이 없는 사람을 본 적이 있느냐고 질문한 다른 연구에서는 그 수치가 70%로 높아졌다).

이는 여러 연구에서 포커에 의존하는 사람과 같은 방식으로 틴더에 의존하는 것처럼 보이는 사람을 볼 수 있는 이유도 설명 가능하다. 틴더를 지나치게 많이 사용하는 사람은 '엘로Elo'에 대해 언급한다. 간단히 말하면, 엘로는 그들이 선택한 혹은 거절한 사람이 받은 스와이프 수에 비교해 자신이 받은 스와이프 수다(이는 원래 체스에서 나온 용어다. 상대의 이전 승리가 얼마나 되는가에 따라 자기 승리의 가치를 측정하는 수치다). 실제 누군가를 만나는 것보다 좋아요와 매칭 수에 초점을 맞추는 행태는 틴더 사용으로 자신의 외모에 대한 만족감이 떨어지고 자존감이 낮아진다는 연구 결과가 나오는 이유도 설명해준다.

우리의 인간관계에 영향을 미치는 수를 생성해내는 것이 틴 더만은 아니다. 구글에서 인스타그램에 관련된 검색어 중 조회 수가 가장 높은 것이 무엇일지 짐작이 가는가? '팔로어는 어떻게 늘리나요?'이다.

인스타그램은 친구나 지인과 삶의 순간을 포착한 사진을 공유하는 도구로 시작되었다. 가까운 사람들이 함께 볼 수 있는 앨범의 현대적 버전인 것이다. 하지만 시간이 지나면서 인스타그램은 팔로어를 모으는 도구가 되었다. 팔로어의 수와 팔로어를 늘리고자 하는 의지에 집중하는 것은 사람들에게 그리 어렵지 않은 일이다. 그렇게 해서 이제는 팔로어를 살 수 있는 다양한 서비스까지 등장하기에 이르렀다(인스타그램 대신 X를 선호하는 사람을 위해 그에 상응하는 서비스도 준비되어 있다).

당신도 페이스북 친구가 얼마나 되는지 추적하고 있는가? 링크드인LinkedIn의 지인은 몇 명인가? 대부분이 소셜 앱의 친구 수를 파악하고 있다. 우리가 직접 조사해서 알아낸 사실이다. 우리는 무작위로 선정한 1,000명에게 소셜 미디어 친구가 얼마나 되는지 이야기해달라고 요청했다. 모두가 정확한 수로 답했다(자신의 친구 수와 비교하고 싶은 충동을 억누르기 힘들 테니 평균을 공개하겠다. 인스타그램 167명, 페이스북 755명, 스냅챗 47명, 링크드인 353명이었다). 또 그들은 소셜 미디어에 친구가 얼마나 되는지 판단하는 것이 아주 쉽다고 생각하는 듯했다. 우리는 그에 대해서도 질문했는데, 1에서 7점(1은 매우 어렵다, 7은 매우 쉽다) 척도에서 대다수가 그 일에 6점을 주었다.

소셜 미디어가 아닌 '현실' 세계에서 '친구가 몇 명인가?'

또는 '일과 관련해서 아는 사람은 몇 명인가?'라는 질문을 받는다면 대답하기가 상당히 어려울 것이다. 실제로도 그랬다. 앞서와 같은 1,000명이 이 질문에는 정확한 수 대신 대강의 짐작으로 답하는 경향이 강했고(평균은 친구의 경우 약 20명, 일과 관련한 지인은 약 50명이었다), 친구가 얼마나 되는지 파악하는 것이 상당히 어렵다고 생각했다. 7점 척도에서 대부분이 이 과제에 4점을 부여했다. 사람들은 왜 소셜 앱 친구 수와 업무상 지인 수를 계속 추적할까? 거기에는 어떤 의미가 있을까?

수가 갑자기 많아지면, 그것이 중요해진다. 수 자체가 인간관계의 수를 중요하게 만든다. 수는 수일 뿐이다. 따라서 수는 인간관계를 교환 가능한 것으로 만들어버린다. 팔로어를 살 정도로 말이다. 또 수는 인간관계를 비교할 수 있게 만든다. 페이스북 친구가 가장 많은 사람은 누구인가? 링크드인 지인이 가장 많은 사람은 누구인가? 인스타그램 팔로어가 가장 많은 사람은 누구인가? 친구가 5,000명인 사람을 보면서 친구가 2,000명뿐인(!) 자신은 '좋은 사람이 아닌가 보다'라는 엉뚱한 결론에 도달한다.

우리는 인간관계에서도 경쟁하게 될 위험에 처했다.

나는 새로운 소셜 미디어와 극히 양가적인 관계를 맺고 있다. 새로운 것을 시도하는 것을 멋지다고 생각하는 한편으로 약간은 스트레스를 받는다. 0에서부터 다시 시작해야 하는 거야? 대대적으로 광고가 된 새로운 대화 플랫폼 클럽하우스Clubhouse에 가입하라는 초대를 받았을 때, 나는 망설이게 되었다. 거기에 누가 있는지 확인했다. 많은 팔로어를 거느린 '유행에 민감한' 사람들의 이름이 보였다. 내가 그들을 어떻게 따라잡겠는가? 사람들이 나를 확인하고 팔로어가 거의 없는 것을 보면 얼마나 하찮게 생각하겠는가? 새롭고 흥미로운 기능과 전 세계 사람들의 이야기를 듣고 그들과 대화를 나눌 가능성에 기뻐하는 대신, 나는 내 초라한 수를 걱정했다.

미카엘

1인 가구 수가, 인간관계에 수가 침투한 것과 같은 압도적인 속도로 늘어난 것은 우연이 아닌 듯하다(우연이든 아니든 매우 흥미로운 일이다). 스웨덴의 경우 1950년 1인 가구의 비율은 전체의 12%였다. 유럽연합의 통계에 따르면, 이 비율은 2017년까지 50% 이상으로 증가했다. 이로써 스웨덴은 세계에서 1인 가구가 가장 많은 국가가 되었다. 하지만 노르웨이도 크게 뒤지지 않는 40% 이상이며, 유럽연합 전체 비율도 그 기간에 비슷한 상승세를 보여 평균 30%를 약간 상회한다.

이런 증가에는 여러 요인이 있을 것이다. 하지만 경제학 연구에서의 은행 계좌가 그러하듯, 소셜 미디어상의 연인, 동료, 친구가 인간관계를 악화하고 있다면 어떻게 해야 할까? 우리는 수가 주변 사람에 대한 확신을 떨어뜨리는 것은 아닌지 궁금해졌다. 우리가 같은 인간을 다양한 방식으로 평가하고 점수를 매기며 서로를 거래 상대처럼 대한다면, 서로에게 덜 의지하게 되는 것이 아닐까? 수가 서로에 대한 공감을 축소한다면 어떻게 해야 할까?

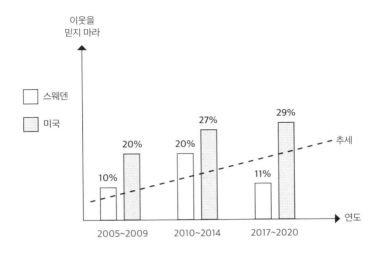

여기에 인간관계에 대한 수 백신이 있다.

1 수와 의도의 차이를 구별하라. 그 둘은 같은 것이 아니다. 당신이 받은 점수(당신이 부여한 점수)가 그 사람이 정말 그렇게 생각한다는 의미는 아니다.

2 수와 질의 차이를 구분하라. 친구 수가 적다는 이유로 친구의 가치가 떨어지는 것은 아니다.

3 인간관계는 그 수가 많다는 이유만으로 성과가 되지 않는다는 것을 명심하라.

4 의도했든 아니든, 수를 이용한 순위로 꼬임을 당할 수도, 다른 사람을 꾀어낼 수도 있음에 유의하라.

5 제발, 제발, 교수에게 점수를 매기지 마라.

수에 신경 쓰는 것을 완전히 막을 수 없다면, 6분이 꽤 긴 시간이며 일주일에 한 번으로 충분하다는 것을 명심하라.

하지만 여기에서 멈추어서는 안 된다. 수가 우리의 인간관계를 성과와 거래로 변모시켰다는 것은 그 자체로 일정한 통화가 되었다는 의미가 아닐까? 이에 대해 더 자세히 살펴보자.

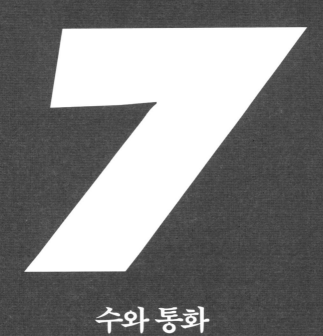

7

수와 통화

NUMBERS AS CURRENCY

2018년 북미의 대형 생명보험 회사인 존 핸콕 보험John Hancock Insurance은 착용형 활동 추적기를 통해 건강 데이터를 수집하는 '대화형' 생명보험만 판매할 것이라고 발표했다. 고객은 애플 워치나 핏빗을 통한 그들의 건강 데이터 접근권을 보험사에 줌으로써 할인과 다양한 혜택을 받게 된다. 달리 표현하면, 그렇게 하지 않는 고객은 높은 보험료를 무릅쓰는 불이익을 받는다. 그와 거의 동시에, 오스트레일리아의 한 보험사는 활동계를 사용하는 고객에게 혜택을 주고 체질량 지수가 28 이하로 내려가면 보너스 포인트를 제공하는 '혁신'을 시작했다. 보험사는 동기를 부여해 건강을 증진하는 일이라고 생각했고, 비평가들은 디스토피아적이고 비뚤어졌으며 개인 정보를 침해하는 일이라고 평했다.

스스로 입력했든 다른 사람이 해주었든 사람에 대한 모든 수는 그 가치가 점점 커지고 있다. 우리에게, 고용주에게, 정부에, 특히 영리기업에 말이다. 기술 기업은 위치 데이터, 건강 데이터, 좋아요와 팔로어 수, 집 안, 자동차 안, 우리 몸 안 감지기에 대한 접근권을 얻어 더 나은 조언, 더 개인화된 서비스, 더 적합한 광고, 더 효과적인 위험 관리, 더 저렴한 보험을 제공하고자 한다.

알고리즘은 인공지능과 소위 '딥 러닝'을 통해 스스로를 발전시키고 있다. 후자인 딥 러닝은 기본적으로 기술이 인간의 뇌를 모방한 방식으로, 많은 양의 데이터로 학습하게 하는 신경망이다. 딥 러닝을 통한 예측에는 인공지능이 예측에 실제로 어떤 데이터와 규칙을 사용하는지 알 수 없다는 문제가 따른다. 더 걱정스러운 일은 딥 러닝 모델을 사용하는 기업조차 이에 대해 알지 못한다는 점이다. 그런 이유로 딥 러닝 모델은 종종 블랙박스라고 불린다. 보험료를 인종, 운동 패턴, 체중의 함수로 결정하는 것은 윤리적으로 문제가 있다.

북유럽의 한 은행은 최근 새로운 딥 러닝 신용 모델을 폐기할 수밖에 없었다. 채무 불이행 가능성이 높은 경우를 다른 모델이나 방법보다 잘 예측하는 이 모델을 왜 폐기해야 했을까? 그 모델이 대출 거절의 기반으로 사용한 결정적 기준이 무엇인지 금융 감독 기관에 설명할 수 없었기 때문이다. 컴퓨터에서 안 된다는 답변이 나옵니다. 끝.

이 책을 시작하며 우리가 좋아요, 팔로어, 심박, 걸음, 점수, 식당 순위의 수 등이 관련된 부분에서 '수 자본주의자'가 되는 중이라는 이야기를 했다. 여기에서 사용하는 '통화'라는 단어는 문자 그대로의 의미도, 은유적 의미도 띤다. 좋아요 수는 돈이고 팔로어 수는 은행 계좌다. 블로거나 인플루언서라면 팔로어와 좋아요를 문자 그대로의 통화처럼 헤아릴 수 있다. 맥박, 걸음, 등산한 산의 높이는 보험료의 할인으로 환원되곤 한다. 또한 수는 은유적인 의미에서의 통화이기도 하다. 수는 지위이자 자신감이고 교섭에서 행사하는 힘이다. 돈과 정확히 같은 방식으로 부패할 수도 있다.

돈의 심리학적 영향에 대한 수십 년에 걸친 연구가 가르쳐 주는 것이 있다면, 돈이 사람들의 생각과 행동을 인도한다는 점이다. 앞서 이야기했듯 돈을 보거나 만지는 것만으로도 사람들은 더 이기적이고 자기중심적이고 냉정해진다. 우리는 이것을 '개자식 효과'라고 불렀다. 기억나는가? 돈에 노출될 때 사람들은 보다 계산적인 방식으로 생각하고, 타인을 돕는 경향이 감소하며, 보다 이기적인 선택을 한다. 좀 더 최근에 진행한 연구 역시 돈에 노출된 사람들이 속임수를 더 많이 쓰고, 덜 나누고, 도덕적이지 않은 선택을 한다는 것을 보여주었다.

통화로서의 수도 정확히 그와 같은 영향을 미칠까?

수, 자아도취자의 도덕적 나침반

이에 대해 조사하기 위해서 우리는 800명의 노르웨이인에게 설문지를 보냈다. 우선 우리는 자신에 대한 수를 추적하고 있는지 질문했다. 자신의 건강 데이터를 기록하고 있는가? 소셜 미디어의 친구와 팔로어가 몇 명인지 알고 있는가? 자신의 재무 데이터를 추적하고 있는가? 즉 주식, 펀드, 계좌 잔고, 기타 투자 프로그램을 계속 주시하고 있는가? 이후 우리는 다양한 도덕적 딜레마를 제시하고 그들이 '지름길'을 택하는 경향이 어느 정도인지 측정했다. 도덕적 딜레마는 직장에서 복사 용지를 조금 훔치는 것에서 다른 사람의 차를 들이받는 것이나 커피를 사기 위해 오래 줄을 서 있다가 거스름돈을 실제 받아야 하는 것보다 많이 받는 것 등으로 다양했다. 이것들은 도덕적 선택에 대한 재미있고 검증된 테스트다. 우리가 무엇을 발견했을까?

건강 데이터 기록과 도덕적 행동에는 부정적 연관성이 약간 있었다. 핏빗과 스트라바를 자주 사용하는 사람은 다른 사람보다 도덕관념이 조금 약했다. 또 그들은 활동계를 사용하지 않는 사람보다 자기에만 몰두하는 성향이 약간 더 강했다.

소셜 미디어에서 자신의 수와 좋아요를 모니터링하는 사람에 대한 결과는 더 우울했다. 그들은 스트레스 수준이 높다고 보고했을 뿐 아니라 도덕적 딜레마와 관련된 부분에서는 상당한 문제가 있었다. 그들은 회사에서 소소한 물품을 횡령하거나, 소프트웨어를 불법으로 복제하거나, 거스름돈을 많이 받는 일을 괜찮다고 여겼다.

우리는 자신의 재무 자료를 모니터링하는 사람들에게서도 같은 패턴을 발견했다. 그들은 도덕적 딜레마에서 한층 문제가 심했고, 가족이나 친구와 시간을 보내는 것보다 일을 우선했으며, 외국인 혐오 가능성도 높았다. 구미가 당기는 칵테일 아닌가?

미국의 연구자들은 돈이 사람의 도덕성에 미치는 부정적 영향을 '자급적 사고방식self-sufficient mindset'이라 부르는 것으로 설명하곤 한다. 돈이 많을 때면 더 독립적이 되며 다른 사람의 도움이 없어도 잘 살 수 있다고 느끼는 것이다. 어디에서 들어본 이야기 아닌가?

사람들이 얼마나 빨리 달렸는지 그 수치를 조작한(평균보다

…을 많이 추적할수록	소셜 미디어의 수	건강에 관련된 수	경제에 관련된 수
생활 능력과 독립성이 떨어진다고 느낀다	✓		
스트레스 수준이 높다	✓		
비윤리적 선택을 더 많이 한다	✓	✓	✓
더 행복하다고 느낀다		✓	
다음 날 더 많은 사교 활동을 하기로 한다		✓	
다음 날 더 많은 일을 하기로 한다			✓
이민자를 더 미심쩍게 본다			✓

빠르게 혹은 느리게) 연구에서 우리가 발견했던 것과 똑같다. 실제보다 성적이 좋다고 믿게 하면 자기 만족감을 비롯한 자신감이 치솟는다. 위험 감수의 경향도 높아졌다.

그들을 동일한 도덕적 딜레마에 빠뜨리면 어떤 일이 일어날까? 높은 수 때문에 우월감과 힘을 느끼게 된 사람들은 여러 상황에서 약간의 비윤리적 행동을 용인하는 정도가 커졌다. 돈에 노출된 사람과 똑같았다. 인스타그램 게시물에 좋아요를 많이 받았다는 것을 알게 된 사람과도 똑같았다.

따라서 우리의 도덕적 나침반을 가로막는 것은 돈만이 아니다. 다른 유형의 수도 같은 작용을 한다. 수가 대상에 관련된 것일 필요조차 없다. 그저 수이거나 수학 문제이면 족하다. 홍콩과 미국의 연구자들은 일련의 실험을 통해 사람들에게 수학 문제를 제시할 경우 그들이 일관적으로 더 이기적이고, 부정직하고, 자기중심적이 된다는 것을 발견했다. 실험은 간단했다. 참가자들을 무작위로 두 그룹으로 나눠, 한 그룹은 언어 문제를 풀게 하고, 다른 그룹은 수와 관련된 문제를 풀게 했다. 이후 소위 독재자 게임을 했다. 돈을 분배할 때 다른 사람보다 자신이 더 많은 돈을 갖고, 돈의 액수에 대해 거짓말을 할 수 있는 옵션이 있는 게임이었다. 수와 관련된 문제를 푼 참가자들은 일관되게 거짓말을 더 많이 했고 더 많은 돈을 차지했다. 슬프지만 사실이다.

이런 실험은 인간이 수와 말을 다르게 다룬다는 사실을 분명히 시사한다. 수는 우리를 자신에게 더 집중하게 하고, 더 인간미 없게 만들고, 덜 감정적이게 만드는 통화이며, 우리의 도덕적 나침반을 잘못된 방향으로 돌린다.

긴 회의를 많이 주재하던 시기에 나는 재미 삼아 회의 참가자들이 서로에게 커피를 따라주는지 관찰하곤 했다. 회의실 테이블에 커피가 담긴 보온병이 있다면, 당신은 자신을 위해서만 커피를 따를 수도 혹은 주변 사람들에게 커피를 원하는지 물을 수도 있다. 내가 알아차린 게 무엇인지 짐작이 가지 않는가? 그렇다. 수, 예산, 순위에 대해 논의할 때는 주로 자기 몫의 커피만 따랐다. 보다 정성적인 주제나 문서를 다룰 때는 좀 더 사회적인 커피 따르기가 이뤄졌다. 옆 사람에 대한 호의를 보이며 간간이 사탕 봉지나 쿠키 접시를 돌리는 사람도 있었다. 한편으로 나는 영향력 지수, h-지수, 자신의 인용 횟수가 얼마나 되는지에 극히 관심이 많고, 구글 스칼러와 리서치게이트의 자기 수치에 신경 쓰는 일부 교수는(익명으로 남을) 새로운 과제나 잡무가 배정될 때면 가장 먼저 빠져나가는 것을 알아차렸다. 과학적인 조사는 아니었지만 일화적 증거로는 썩 괜찮은 관찰이었다.

헬게

경기는 계속된다!

"제 게임 디자이너 도구 상자에서 가장 중요한 것은 포인트 시스템입니다. 그것이 플레이어에게 무엇에 신경 써야 하는지 알려주기 때문입니다." 반지의 제왕Lord of the Rings, 켈티스Keltis, 로스트 시티Lost Cities 등의 게임을 고안한 세계적인 게임 디자이너 라이너 크니치아Reiner Knizia의 말이다. 게임의 포인트 시스템은 사람들의 사고방식을 변화시켜 현실에서 벗어나 더 의욕적이고, 게임에만 집중하고, 경쟁적이 되도록 만들며, 때로는 테이블을 집어 던지고 서로 소리까지 지를 정도로 어마어마한 좌절감을 느끼게 한다. 가상의 수와 점수, 현실에서는 전혀 가치가 없는 이것들이 정말 차분하고 내성적인 사람마저 갑자기 사나워지게 만드는 것이다. 게임 철학자 C. 티 응우엔C. Thi Nguyen에 따르면, 이제 사회 전반에서 게임 속 포인트 시스템 논리를 열렬히 채택·적용하고 있다. 기업, 기관, 심지어 학교에서도 게임과 포인트 시스템을 사용해 우리의 작인作因과 행동을 형성하는 방법을 이해하기 시작했다. 우리는 학교 공부, 세금 신고, 매출 경쟁에서부터 SNS 대화에 이르기까지 모든 것을 '게임화'하고 있다. 응우엔의 표현대로 "우리가 게임을 플레이하는 것이 아니라 게임이 우리를 플레이"하고 있다.

수와 포인트 시스템은 물리적·사회적 현상을 측정 가능한 단위로 변형한다. 재정적 책임감은 신용 점수로, 인맥은 소셜 미디어 팔로어 수와 조회 수로, 방랑벽은 상용 고객 마일리지로, 운동의 즐거움은 소모 칼로리와 킬로미터당 평균 보행 속도로 전환된다.

따라서 수는 경쟁과 경쟁의식을 부추긴다. 삶 전체를 정량화함으로써, 점점 더 많은 영역에 경쟁을 도입하고 있다. 이전에는 다양한 방식으로 해석할 수 있었던 사람과 경험 사이의 정성적 차이가 이제는 극도로 단단한 정량적 차이로 변형되었다. 2장의 셀카, 2명의 늘씬한 몸매, 2개의 정찬이 갑자기 경쟁 대상이자 가차 없는 비교 대상이 되었다.

비즈니스에서도 같은 일이 벌어지고 있다. 쇼핑 경험이 3개의 별로 축소되고, 화장실 방문이 1개의 스마일 표시로 축소되며, 책이나 공연이 1에서 5 사이 점수로 축소된다. 수와 정량화는 복잡한 현상을 일차원적 척도로 재성형하며, 그 측정 과정에서 내용의 대부분이 사라진다.

따라서 수는 언어와 경험의 가치에도 영향을 준다. "그 사람 외모를 1에서 10까지 척도로 표현하면 어느 정도야?" 우리는 질, 대상, 사람에 수로 된 결과를 연결함으로써 가치를 명시적으로 평가한다. 8은 7보다 낫다. 정량화를 통해 값어치를 연관시키는 일이 더 쉬워지고, 대상을 비교하는 일이 더 간단해지고, 우리에게는 명확한 순위가 매겨진다. 미카엘은 인스타그램 팔로어가 2만 8,400명이고 헬게는 135명이다. 정량화는 사회적 위치를 더 명확하게 만들어주며, 사회현상을 경화hard currency(달러처럼 국제적으로 널리 통용되는 통화—옮긴이)로 전환하기가 더 쉬워진다. 돈이 관련되면, 보통 큰 수가 나은 법이다. 아마

맥박과 혈압만 예외일 것이다. 알고리즘이 빅 데이터를 요약해서 당신에게 제시하는 것은 당신이 클릭과 비교를 멀리하지 못하기 때문이다. 당신은 334, 닐스는 176, 이웃은 189, 배우자는 544. 수는 사회적 지능부터 매력도, 소셜 미디어 순위, 비만도, 우울 성향에 이르기까지 어떤 것에든 적용할 수 있다.

수를 연결하는 새로운 방식 덕분에 통화로서 수의 역할이 더 명확해지는, 일부에서는 터무니없다고 할 수도 있을 만한 새로운 서비스가 탄생했다. 예를 들어 2006년 론칭한 크레딧스코어데이팅닷컴CreditScoreDating.com 서비스에서는 신용 점수의 적합성을 토대로 미래의 배우자를 찾을 수 있다. 이 웹사이트의 말대로라면, 전체 남성의 57%, 전체 여성의 75%는 데이트할 상대를 선택할 때 경제적 안정감을 중요시하며, 그렇다면 완벽한 상대를 찾는 이보다 더 좋은 방법은 없다. 유유상종!

그런데 2015년 페이스북이 이미 소셜 네트워크를 기반으로 사용자의 신용도를 계산하는 방법에 특허를 받은 것을 알고 있는가? 이 방법의 근간이 되는 논리는 지불 능력이 없거나 재정적 의무를 감당할 능력이 없는 친구가 많다면 당신도 신용 점수가 낮을 확률이 높다는 것이다. 그러니 실제로든 디지털로든 사람들과 어울릴 때는 주의를 기울여야 한다. 원치 않는 결과에 직면할 수도 있으니 말이다.

매트리스 속의 돈

퀀티파이드 셀프 운동 이야기를 다시 해보자. 티모시 페리스를 비롯한 사람들이 옹호하는 자기 추적은 수를 통화와 경쟁으로 전환해 인간을 일종의 작은 기업으로 만든다는 비난을 받고 있다. 활동계와 스마트폰의 모든 수가 우리의 성과를 최적화하고 개선하는 데 사용되는 것은 인간에 대한 시장분석에 위험할 정도로 가깝지 않은가? 언제나 얻으려 노력하는 '수'가 있고, 언제나 비교하고 개선할 '수'가 있다. 시장 논리가 관계의 논리보다 우위를 차지하고 인간은 자기 최적화를 이룬 소규모 기업이 된다.

또 자신에 대한 이 모든 데이터는 큰 상업적 가치를 지닌다. 그것을 구글, 스트라바, 페이스북, 애플 같은 기술 기업의 새로운 서비스와 교환하거나 더 나은 조언과 맞바꾸는 것은 쉬운 일이다. 구글이 당신 몸에 부착한 측정기, 당신의 스마트폰, 집에 있는 감지기에서 비롯된 데이터에 접근할 수 있다면 당신의 일상은 크게 달라질 것이다. 잠자리에서 눈을 뜬 순간 커피 머신이 작동되고, 집과 차가 일과에 따라 조정되며, 운동 프로그램과 식사 시간이 그에 맞춰 준비되고, 당신에게 가장 가치 있는 관계가 유지·최적화된다. 더 많은 데이터를 넘겨줄수록 더 많은, 더 나은 맞춤형 조언이 나온다. 그 대가로 더 많은 혜택을 받을 수도 있다.

예컨대 온라인 DNA 감식 서비스가 있다. 그렇다. 약 100달러를 내면 인터넷에서 당신의 DNA 프로필을 볼 수 있다. 더 나아가 그것을 여러 기술 기업에 업로드하면 식단, 운동, 대머리, 여드름, 도박, 주근깨, 공격성, 우울증, 일광욕, 커피 섭취를 비롯해 일일이 열거하기 힘든 수많은 것에 관련된 맞춤형 조언을 얻을 수 있다. DNA 프로필에 근거해 어떤 와인이 당신 취향에 맞는지 찾는 앱도 있다. 기발하지 않은가?

당신의 수와 당신의 데이터에 대한 접근권을 두고 벌어지는 싸움은 기술 기업이 침대와 매트리스같이 그들이 관심을 가질 것이라고 생각해보지 못한 완전히 새로운 업계로 이동하고 있다는 것을 의미한다. 기술 투자자들은 매트리스 제조 같은 아날로그하고 지루한 것에 거액을 퍼붓기 시작했다. 이 업계가 '격변'을 경험할 것이라고 누가 상상이나 했겠는가? 그런데 왜 매트리스일까?

투자자들은 미래에는 사람들이 침대를 사는 것이 아니라 수면의 질을 살 것이라고 생각한다. 사람들이 필요로 하는 것은 침대가 아닌 잠이다. 매트리스의 감지기와 모니터링을 통해 수면을 최적화할 수 있다. 호텔에 투숙할 때도, 에어비앤비에 머물 때도, 텐트에서 잘 때도 그런 양질의 수면이 가능하다.

수 자본주의

과거에는 시간이 곧 돈이라고 했지만, 이제는 '수'가 곧 돈이다. 절약한 돈이 바로 번 돈이다. 보너스 포인트는 휴가, 항공권, 상품으로 교환 가능하다. 핏빗 데이터는 생명보험의 보험료 할인으로 교환할 수 있다. 직장에서는 높은 고객 만족도 지수를 비롯한 최적화 수치가 보너스로 이어진다. 운전 패턴에 대한 수치로 자동차 보험료가 저렴해진다. 신용도가 높으면 대출 이자율이 낮아진다. 식당 손님에게 높은 평점을 받으면 매상이 올라간다. 중국에서는 사회신용점수가 높은 시민에게 더 빠른 인터넷을 제공한다. 좋아요 수는 달러와 비트코인으로 전환할 수 있다.

'틱톡 돈 계산기'를 구글링해서 확인해보라('구글'이 동사로 받아들여진다는 것 자체가 수 자본주의의 힘을 보여주는 증표다). 1,000만 건이 넘는 검색 결과가 나온다. 팔로어 수, 조회 수, 좋아요 수를 현금으로 전환하는 일련의 계산 프로그램이 끝없이 나온다. 틱톡에서 돈을 얼마나 벌 수 있을까? 초콜릿 바라도 사려면 조회 수가 수만 건에 달해야 한다. 하지만 분명 통화가 존재한다. 그리고 전 세계 수백만 명의 젊은이가 좋아요와 돈이 꾸준히 유입되는 인플루언서 혹은 유명인을 꿈꾼다.

2019년에 19세의 애디슨 레이 이스터링Addison Rae Easterling 은 다른 어떤 틱톡 스타보다 많은 돈을 벌었다. 6,000만 팔로어가 그녀의 계정에 500만 달러가 들어오는 것을 지켜보았다. 대단하지 않은가? 2위인 찰리 다멜리오Charli D'Amelio는 더 어렸다. 15세에 86억 개의 좋아요와 400만 달러의 수익을 올렸다. 현재 그녀의 팔로어는 1억 명이 넘는다. 그녀의 '커리어'는 나이 어린 틱톡의 스타에서 〈더 투나잇 쇼 스타링 지미 펄론The Tonight Show Starring Jimmy Fallon〉을 거쳐 프라다Prada, 홀리스터Hollister, 슈퍼볼Super Bowl과의 계약까지 기록적인 속도

로 발전하고 있다. 그녀의 언니 딕시Dixie는 4,900만 명의 팔로
어와 80억 개의 좋아요로 3위를 차지했다. 이쯤 되면 요즘 아
이들이 수에 집착하는 것이 그리 이상한 일도 아니다.

아이들만의 이야기가 아니다. 인간은 결국 수의 동물이며,
수는 자동적으로 우리를 흥분시킨다. 수는 신이자 물욕이며
동시에 포르노다. 수는 우리 몸과 뇌, 그리고 우리의 공통된
역사에 내재되어 있다.

최근 나는 인스타그램에 운동 동영상을 올렸다. 특별할 것은 없다. 나는
그런 일을 꽤 자주 한다. 하지만 그 동영상의 특이한 점은 며칠 사이에
조회 수가 다른 동영상 조회 수인 1만 회보다 훨씬 많은 3만 회를 넘었다
는 것이다. 곧 4만 회가 넘었다. 돌이켜 보면 전적으로 타이밍 때문이었
던 것 같다. 마침 휴가철이 시작될 무렵이었다. 그 기간에 사람들은 별생
각 없이 인스타그램을 스크롤하는 것 외에 달리 할 일이 없는 데다. 운동
에 대한 영감을 간절히 찾기 마련이다. 아무튼 다음에 동영상을 만들 때
는 조회 수가 5만 회에 이르기를 기대하며 조금 더 노력을 기울였지만 결
과는 실망이었다. 이전처럼 조회 수는 1만 회였고, 그 수치는 더 이상 멋
지게 느껴지지 않았다. 이후 새로운 영상을 올릴 때마다 같은 기분을 느
꼈다. 이전 영상에 대한 반응이 나를 탐욕스럽게 만든 것이다. 조회 수가
가끔 2배가 되어도 한때 기록한 4만 회에 비하면 여전히 보잘것없이 느
껴졌다. 그런 감정이 너무 강해서 결국 얼마 후부터는 '무슨 소용인가'라
는 생각에 더 이상 동영상을 만들지 않게 되었다.

미카엘

인간이 돈과 더 많은 돈을 좇는 데 의존하고 중독될 수 있다
고 생각한다면, 다른 모든 수에도 그러지 않을지 자문해봐야

하지 않을까? 토르뵈른 회스트마르크 보르게를 생각해보라. 스트라바 수치에 얼마나 의존하고 중독되었기에 통제 불능이 되어 다리 근육이 완전히 망가지는 상황에 이르렀을까? 누르 이크발은 또 어떤가? 그가 목숨을 끊기 전 틱톡 동영상에서 좋아요를 받는 데 얼마나 사로잡혀 있었을지 생각해보라.

수는 돈보다 훨씬 더 많은 삶의 영역에 통화로서 스며들고 있다. 요즘에는 알파벳의 어떤 글자를 택하든 그 글자로 시작하는, 점수를 매기고 수를 세는 서비스를 찾을 수 있다. T를 선택했나? 트위터(현재는 X), 틴더, 틱톡, 트립어드바이저가 있다. B는 어떨까? BMI, 벳슨Betsson(온라인 도박 회사—옮긴이), 부킹닷컴이 있다.

얼마든 계속할 수 있다.

인정할 수밖에 없다. 당신은 항상 더 많은 것, 더 높은 것, 더 나은 것을 원하는 수 자본주의자가 되었다. 당신이 좇는 수는 사회적 지위와 자신감부터 맞춤형 서비스와 금전적 혜택에 이르기까지 온갖 것과 바꿀 수 있다. 수는 우리를 아주 신나게 만들고 흥분시키지만, 안타깝게도 도덕성과 사회성은 약간 떨어뜨린다. 참! 당신에게 수가 중요해졌으니 '구체적이고 객관적이며 정직하고 진실한' 수를 사용하는 것이 좋겠다. 더 자세한 내용은 다음 장에서 이야기하기로 하자.

팬데믹 기간에 문을 닫았던 영화관이 제한적으로 상영을 재개하자 나는 아들 단테와 영화를 보러 갔다. 우리는 둘 다 영화 보는 것을 좋아해서 개

봉이 꽤 지연된 영화 〈테넷Tenet〉을 볼 기대에 부풀어 있었다. 둘 다 그 영화가 무척 마음에 들었다. 나는 이후에 리뷰를 확인하지 않겠다고 마음 먹었지만(이전 일의 교훈 때문에), 그 영화의 매출이 기대에 비해 실망스럽다는 헤드라인이 눈에 띄자 클릭하지 않을 수 없었다. 실망스럽다는 것은 그 영화가 매출 기록을 경신하기는커녕 지난 10년간 최고 수익을 올린 영화 10편에 간신히 이름을 올렸기 때문이었다. 나는 정말 이상하다고 생각했다. 첫째, 기록을 경신하지 못했기 때문에 영화를 실망스럽다고 평가하는 것도 이상하거니와(모든 영화가 기록을 경신할 수는 없지 않은가?) 둘째, 영화관 수용 인원이 절반에도 못 미치는 팬데믹 와중에도 그렇게 많은 티켓을 판매한 영화가 실망스럽다는 것도 이상했다. 수에 얼마나 욕심이 많기에? 하지만 아마도 가장 이상한 것은 그렇게 마음에 든 영화가 더 높은 매출을 올리지 못했다는 데 실망한 나 자신이었다. "매출이 그보다는 더 나와야 하지 않아?"

미카엘

이제 우리 모두 수 자본주의자가 되었다고 판단해도 틀리지 않다. 하지만 너무 음울하고 디스토피아적이지 않은가? 당신의 핏빗, 전화, 침대 매트리스, 소셜 미디어, 자동차, 집에서 나온 수가 할인, 돈, 지위, 그리고 부도덕한 일로 탈바꿈하는 미래 세상이라니! 그러니 이 장의 끝부분에는 약간이라도 기운을 낼 수 있는 이야기를 좀 넣어도 좋지 않을까? 통화 역할을 하는 수에 긍정적인 면이 있지 않을까?

물론 긍정적인 영향도 미친다. 우리는 종종 자신보다 수를 더 믿기 때문에 수는 불확실이나 편견이 최악을 끌어내는 상황을 막아줄 수 있다.

타고난 편견이 우리가 생각하고 행동하는 방식에 영향을 미친다는 것은 익히 알려진 사실이다. 예를 들어 우리는 다른 인종 집단('그들')에 속한 에어비앤비 주인이 같은 인종 집단('우리와 같은')인 에어비앤비 주인보다 숙박비를 적게 받는다는 것을 알고 있다. 우리는 총 1,600명의 노르웨이인을 대상으로 한 세 번의 실험을 통해 완전히 똑같은 아파트지만 주인이 다른 경우에 보이는 반응을 테스트했다. 결과는 실망스러웠다. 똑같은 집을 서양인이 아닌 사람이 주인인 것으로 소개한 경우, 참가자들은 그 집에 대해 더 부정적이었고 그 집을 선택할 확률은 25% 낮아졌다.

다른 손님의 경험을 토대로 1~5개 별이라는 형식의 수를 도입하면 어떤 일이 벌어질까? 도움이 될까? 그렇다, 크게 도움이 되었다. 별 5개라는 점수가 주어지자 모든 불확실성과 편견이 햇빛을 받은 아침 이슬처럼 사라졌고, 에어비앤비 주인의 인종과 관련된 25%라는 선택의 격차가 0으로 떨어졌다.

다행히 통화로서 수는 어둡고 디스토피아적인 면만 있는 것은 아니다. 수는 수가 아니라면 편견과 불확실성을 기반으로 결정을 내릴 위험이 있을 때 우리를 바르게 인도하고 통제감을 높여주기도 한다.

이런 긍정적인 면을 고려하더라도, 수 자본주의에 대한 예방접종을 하는 것은 쉽지 않은 일이다. 세상에서 벗어나 산으로 들어가 솔방울이나 나물만 캐 먹고 살 수는 없지 않은가. 하지만 그 와중에도 백신이 될 만한 몇 가지 조언이 있다.

1 수를 돈과 교환하기 전에 깊이 생각해보라. 정말 구글, 애플 같은 기업이 당신, 당신 가족, 당신의 건강에 대한 모든 것을 알길 원하는가?

2 건강이든, 재무든, 소셜 미디어든 수 형태의 자산을 매일매일 모니터링하지 마라. 이는 스트레스 증가로 이어질 뿐 아니라 자신에게 지나치게 몰두하게 만들고 도덕성을 낮출 수 있다.

3 가장 마음에 드는 와인은 앱에 묻지 말고 직접 찾아라. 최소한 결정을 위해 DNA를 필요로 하는 앱에는 묻지 마라.

4 소셜 미디어의 수가 내용보다 더 중요해졌다면, 그 앱은 삭제하라.

5 스무 살이 넘었다면 찰리 다멜리오의 틱톡 영상을 따라 한 뒤 게시하지는 마라. 어리석어 보일 뿐이다. 그런 식으로는 부자가 될 수 없다.

수가 개인과 사회 모두에 영향을 주는 새로운 자본주의를 만들고 있는 것만으로도 충분히 벅차다. 하지만 진실을 해석하고 소유하는 방식에까지 수가 영향을 미치지는 않는지 또한 자문해볼 필요가 있다. 이제 수가 우리의 신뢰와 공감에 어떤 영향을 주는지에 대해 앞서 제기한 문제로 돌아가서 보다 깊이 생각해볼 차례다.

수와 진실

NUMBERS AND THE TRUTH

스웨덴은 세계에서 강간 범죄율이 가장 높은 나라다. 적어도 2016년 8월 어느 금요일 아침 이스탄불 국제공항의 뉴스 화면에 뜬 바로는 그렇다. 하루가 채 지나기도 전에 이 뉴스는 스웨덴에서 호주까지 전 세계 언론의 헤드라인을 장식했고, BBC와 로이터 통신에서도 다루어졌다. 메시지를 전 세계에 퍼뜨리기 위해 이 뉴스를 전략적으로 공항에서 공개했다는 추측이 있었다. 그 시기가 튀르키예가 미성년자와의 성관계를 강간으로 자동 분류하지 않는 법을 제정한 것에 대해 스웨덴 외무장관이 공개적으로 비판한 시점(5일 전)과 매우 가까웠기 때문이다. 수가 포함되지 않았더라면 그 뉴스는 국제적으로 그렇게 큰 영향을 미치지 못했을 것이 분명하다.

스웨덴의 강간 통계를 기반으로 한 그 수치는 강간 범죄율이 더 낮은 다른 나라의 수치와 비교되어 있었다. 이런 결과가 스웨덴의 법률이 더 엄격해서일 수도 있고, 강간이 신고와 유죄 선고로 이어지는 경우가 더 많아서일 수도 있다는 스웨덴 전문가의 주장은 그 뉴스만큼 주목을 끌지 못했다. 실제로 전체 강간 사건 중 몇 건이 신고되는지에 관한 수치는 존재하지 않는다.

반면 강간 통계에 대한 수치는 대단히 강력한 힘을 발휘했다. 그 문제는 다음 해에 '스웨덴은 세계 강간의 수도인가?'라는 제목(이 헤드라인의 작성자는 스웨덴이 도시가 아닌 나라라는 사실을 몰랐던 것 같다. 아마 거기에 대한 수는 없기 때문일 것이다)으로 다시 전 세계 헤드라인에 올랐다. 이번에 그 수치를 인용한 것은 유럽의회의 한 영국 의원이었다. 그는 망명 신청자 수용에 대한 토론에서 스웨덴이 최근 더 많은 망명자를 받아들이면서 그에 따라 강간 신고 건수가 늘었다는 것을 지적했다. 그 기간에 스웨덴은 법적으로 강간의 해석 범위를 넓혔지만 이 영국 정치인은 그 점을 고려하지 않았다. 새로운 정의가 채택되기 전에는 그 정의에 따른 강간 건수가 당연히 존재하지 않는다. 따라서 세상은 스웨덴이 신고된 강간 건수가 가장 많은(최근 들어 그 수가 급증한) 나라라는 것만 알 뿐이다.

수가 우리가 주목하는 방향을 정한다는 사실을 절실히 느낀 것은 《몬스터Monster》라는 책을 쓰면서 왜 대부분의 연쇄 살인범이 미국에 존재하는지 파악하려 할 때였다. 왜 인구가 훨씬 많은 중국이나 인도가 아닌 미국일까? 대단히 큰 나라인 러시아에는 왜 연쇄살인범이 거의 없을까?
여러 가지로 설명할 수 있다. 예를 들어 미국의 TV가 더 폭력적이기 때문일 수도 있다. 나는 이 점을 국가별로 비교해보려 했지만 불가능했다. 다른 나라에서는 연쇄살인범에 대한 수치를 찾을 수 없었기 때문이다. 유일하게 수치를 찾을 수 있는 것은 미국이었고, 당연히 수가 가장 많은 것도 미국이었다. TV 프로그램의 폭력성과 연쇄살인범의 압도적인 수에 연관성이 있는지 파악해보려 했지만 1970년대 이전부터는 조사할 수 없었다. 그 이전에는 미국에 연쇄살인범이 없었다. 연쇄살인범을 정의조차 하지 않은 때였기 때문이다.

미카엘

156

우리에게 필요한 유일한 진실?

수는 반박하기 어렵다. 온전한 진실이 아니더라도 말이다. 그것은 수가 우리가 신뢰하는 진실의 일부이기 때문이다. '대부분'이나 '많은'이 의미하는 바는 사람마다 다를 수 있다. 하지만 수는 모든 이에게 동일하다. 온전한 진실이 아니고 진실의 일부일 뿐이더라도 '수'는 유일한 진실이 된다.

저 강간 범죄율 헤드라인이 낯익은가? 수치까지 기억하는 사람도 있을 수 있다. 하지만 그 수치의 출처가 어디인지 기억하는가? 어쨌든 출처는 그리 중요하지 않다. 수는 어디에서 비롯되었든 누구에게나 동일하니 말이다.

그 수치가 사실 가상의 연구소에서 나온 것이라면 어떻게 하겠는가? 우리가 일부러 당신을 혼란스럽게 만들고 있다고 생각할지도 모르겠다. 당신이 맞다(미안하다, 어쩔 수 없었다). 그 수치는 스웨덴 범죄예방위원회Swedish Crime Prevention Board에서 나온 것이고, 이곳은 완벽하게 실재하는 믿을 만한 기관이다. 하지만 순간 의심이 들지 않았나?

여러 연구가 사람들이 수를 인용하지 않은 기사를 읽을 경우 출처에 근거해 진술의 신뢰성을 판단한다는 것을 보여준다. 그러나 기사에 수가 있으면 출처는 거의 아무 역할도 하지 않는다. 우리는 다른 사람들이 말하고 믿고 생각하는 것을 '그들 나름의 진실'이라고 본다. 하지만 수는 의심할 여지가 없는 것으로 여긴다. 우리에게 필요한 '유일한 진실'이라고 말이다.

분명히 실재하는 그리고 약간은 충격적인 사례가 있다. 한 연구에서 연구진은 사람들에게 인도네시아 지진 피해자에 대한 두 신문 기사를 읽게 했다. 하나는 통계가 포함되어 있었고, 다른 하나에는 통계가 없었다. 연구자들은 사람들의 눈 움직임을 측정했는데, 통계 버전을 읽은 사람들은 현장과 피해자의 사진을 덜 보았다는 것을 발견했다(그리고 피해를 입은 사람들을 돕기 위해 얼마나 기부할 것이냐는 질문에 더 적은 액수를 말했다).

수는 깊이 생각하지 않게 만들 위험이 있다. 이는 수가 있는 버전과 없는 버전의 뉴스를 듣는 동안 연구 대상자의 뇌를 스캔한 결과가 설명해준다. 수가 포함된 뉴스를 들은 연구 대상자들은 전전두엽 피질이 덜 활성화되었다. 전전두엽 피질은 관점을 바꾸는 능력과 공감 능력을 통제하는 부분이다. 연구자들은 수가 실험 대상자의 뇌를 비활성화했다는 결론에 도달했다.

뉴스 기사를 쓰는 사람에게도 비슷한 일이 일어나는 것 같다. 10만 개의 뉴스 기사와 소셜 미디어 게시글을 대상으로 한 미국의 콘텐츠 분석은 기사가 보도하는 수치가 클수록 기사에 사용되는 감정적 표현이 적고 약해진다는 것을 보여주었다. 수가 커질수록 개인적인 관점의 필요성이 감소하는 것이다.

수 유행병을 겪는 지금 같은 상황에서라면 이런 현상이 심각한 결과로 이어질 수 있다. 특히 대중매체에 대한 연구는 수가 포함된 뉴스에 더 많은 지면이 할애되고, 기자들은 어떤 수든 관계없이 수가 포함된 뉴스 보도를 선호하는 것을 발견했다. 연구진은 이 현상을 수 역설number paradox이라 부른다. 기자들이 수는 항상 검증 가능하고, 따라서 누구나 확인할 수 있다고 가정하므로 수가 있는 콘텐츠의 진실을 검증할 필요를 덜 느끼며, 따라서 수가 진실이라는 역설적 결론에 도달한다.

분명 당신도 짐작하겠지만, 수가 항상 진실인 것은 아니다.

가짜 수, 진짜 뉴스

수도 얼마든지 가짜로 만들어낼 수 있다. 이 책이 전 세계에서 500만 부가 판매되었다는 식으로 말이다(아직은 사실이 아니지만 이 숫자를 만들어내기는 아주 쉬웠고, 우리 기분을 북돋워주는 부수적인 효과도 냈다). 2007년 뉴스 헤드라인에는 괴물이라고 불리는 허머Hummer 트럭의 연비가 1마일당 1.95달러에 불과하고 프리우스Prius는 1마일당 3.25달러라는 주장이 등장했다(이 수치를 만든 홍보 대행사처럼 허머를 모는 데 드는 총비용은 35년으로 나누고 프리우스는 12년으로 나누었을 때만 사실이다). 베트남전 당시 미 국방부가 뉴스 헤드라인을 유리하게 만들고 전쟁에 대한 대중의 지지를 얻기 위해 기자들에게 제공한 사망한 적군의 수와 노획·탈취한 무기 수에 대한 통계도 가짜로 만든 수의 예다.

러시아와 국경을 맞대고 있는 노르웨이 국민은 2022년 2월 24일 러시아가 우크라이나를 침공했을 때 TV와 스마트폰에 시선을 고정했다. 얼마 지나지 않아 소셜 미디어와 유명 뉴스 채널에 '키이우Kyiv(우크라이나의 수도—옮긴이)의 유령'에 대한 뉴스가 등장했다. 키이우의 유령은 우크라이나 미그29MiG-29 파일럿의 별명이다. 그는 침공 초기 30시간 동안 6회 이상의 키이우 상공 공중전에서 승리한 것으로 알려졌다. 키이우의 유령은 수호이35Su-35 2대, 수호이25 2대, 수호이27 1대, 미그29 1대를 격추했다. 이후 2월 27일, 우크라

과거에는 이것을 선전 선동propaganda이라 불렀고 오늘날에는 '가짜 뉴스fake news'라고 부른다. 수는 고전적인 선전 선동 기법이었던 것과 마찬가지로(propaganda를 구글에서 검색하면 선전 선동을 알아보는 방법이나 선전 선동을 만드는 방법에 대한 조언 목록의 상단을 수가 점령한 것을 볼 수 있다), 가짜 뉴스에서도 두 가지 방식으로 효과를 발휘한다.

우선 수가 반드시 진실이라고 믿어야만 영향을 받는 것은 아니다. 인구 30만인 스웨덴 도시 말뫼에서 일어난 총격 사건의 사망자에 대해 생각해보자. 다음 중 어떤 수가 타당해 보이는가? 연간 총격 사망자 600명? 혹은 10명? 연간 600명이 정확하다는 주장을 듣는다면, 당신은 너무 많다고 생각할 것이다. 그렇다면 매일 2명이 총격으로 사망해야 하지 않는가? 어쨌든 이런 예를 든 후 실제 수치를 추측해보라고 하면, 정확한 수치가 0에서 10 사이라 생각하느냐고 질문했을 때보다 훨씬 높은 추정치를 내놓는다. 0에서 10 사이냐고 물으면 55나 78이 아닌 그 범위 안에서 추정치를 내놓을 것이다.

당신이 접하는 수는 참조의 틀을 만든다. 그것이 진실이든 아니든 말이다. 우리가 이에 대해 알고 있는 것은 실험을 해보았기 때문이다. 말뫼에서 발생한 총기 사망 사고가 가장 많이 보도되었을 때(공교롭게도 스웨덴 국회의원 선거와 지방선거 직전), 우리는 무작위로 선택한 1,000여 명의 스웨덴인을 두 그룹으로 나눠, 한 그룹에는 총격 사망자가 600명이라는 문장을 보여주고, 다른 그룹에는 사망자가 10명이라는 문장을 보여준 후 반응을 조사했다. 더 큰 수를 본 그룹은 그 수가 너무 크기 때문에 거짓일 것이라고 생각했다. 하지만 그들이 추측한 실제 사망자 수는 작은 수치를 본 그룹(더 신빙성이 있다고 생각했다)의 추정치보다 거의 2배나 컸다. 또 큰 수치를 본 그룹은 도시가 훨씬 더 불안하고 불안정하다고 생각했다. 믿지 않는 수인데도 진실을 보는 시각에 영향을 미친 것이다.

심리학자들은 이를 '앵커링anchoring'이라고 부른다. 무언가에 대한 이해를 시작할 때면, 우리는 이해를 고정할, 그래서 거기에서부터 이해를 진전시킬 지침을 필요로 한다. 수는 뇌의 뉴런으로 빠르게 나아가기 때문에, 수가 틀렸다는 것을 알더라도, 수가 뇌에 뿌리를 내려 우리 평가에 영향을 미치기 전에 방어할 시간을 확보할 수 없다.

예를 들어 10년 내에 핵전쟁이 발발할 가능성이 90% 이상이라고 생각하느냐, 이하라고 생각하느냐는 질문을 받으면, 당신은 아마 90% 이하라고 답할 것이다. 또 그 확률이 1% 이상이라고 생각하느냐, 이하라고 생각하느냐는 질문을 받는다면 이상이라고 생각할 것이다. 하지만 그 후 확률을 이야기해보라고 하면 당신은 이전에 받은 질문에 영향을 받을 것이다. 첫 번째 질문을 받았다면(뇌에 90%가 자리 잡은 상태라면) 두 번째 질문을 받은 경우보다 높은 확률을 말할 것이다. 이 실험을 다시 시도해서 사람들에게 핵전쟁이 어떻게 일어나는지 생각해보라고 하거나, 사람들에게 90이나 1이라는 수가 아무런 근거 없이 나온 수라고 이야기했을 때도 정확히 같은 결과가 나왔다. 큰 수를 접한 사람들은 계속해서 약 25%의 확률을 추정치로 내놓은 반면, 작은 수를 접한 사람들의 추정치는 훨씬 낮은 10% 전후였다.

부정확한 수에서 빠져나왔다고 믿고 자신의 예상치에 확신을 가지는 경우에는 상황이 더 엉뚱해진다. 상파울루의 경제학부 학생들이 증권거래소에 상장된 대기업의 가치를 추정하라는 요청을 받았다. 우선 그 가치가 특정 수보다 높거나 낮은지 결정해야 했기 때문에 그들의 추정은 그 수에 영향을 받았다. 이들은 추정치를 내놓기 전에 다른 수를 접하지 않은 학생들보다 자신의 추정치에 대해 훨씬 더 큰 확신을 가지는 것으로 드러났다. 그들은 심지어 돈을 걸 각오도 되어 있었다.

수는 우리를 두 번 속인다. 수를 믿든 믿지 않든 우리에게 영향을 미치고, 믿지 않을 때는 진실에 대한 자신의 견해(수에 영향을 받은)를 한층 더 확신하게 만든다.

1990년대에 뉴트라스위트NutraSweet라는 감미료가 뇌종양을 유발할 수 있다는 연구 결과 때문에 이를 먹지 않은 사람이 나 말고 또 있을까? 뉴트라스위트가 위험하다는 주장은 완전히 진실인 수조차 새로운 방식으로 연결될 경우 우리를 미혹할 수 있다는 것을 보여주는 흥미로운 이야기다. 연구자들은 1980년대 초 뉴트라스위트가 시장에 출시되고 3~4년이 지난 후 뇌종양 발병이 크게 증가한 것을 발견했다. 그들은 이에 관련된 연구를 〈신경병리학 및 실험 신경학 저널Journal of Neuropathology and Experimental Neurology〉에 발표해 많은 관심을 모았다. 연구가 기반으로 삼은 모든 데이터가 정확했지만, 그들이 도출한 결론은 완전히 틀린 것이었다. 찰스 세이프Charles Seife가 자신의 책 《증명력Proofiness》에서 명쾌하게 설명했듯 1980년대에는 소니Sony 워크맨Walkman, 톰 크루즈의 포스터, 어깨 패드, 동키콩Donkey Kong 게임, 정부 지출 등 다른 많은 것들도 수가 급격히 증가했다. 사실 뉴트라스위트 판매와 정부 지출의 상관관계가 뉴트라스위트와 뇌종양 발생 건수의 상관관계보다 강했다. 무슨 뜻인지 알겠는가? 이 고전적인 함정, 즉 진실한 수들 사이의 상관관계가 곧 인과관계라는 믿음은 수많은 잘못된 기사, 거짓 진실, 음모론을 낳았다.

헬게

이것으로도 충분하지 않은가? 그렇다면 수의 영향력은 수가 문제와 아무 관련이 없어도 건재하다는 이야기에 귀를 기울여보라. 인간은 이용 가능한 수라면 그것이 무엇이든 상관없이 본능적으로 반응하는 수의 동물이다. 코넬과 하버드 경영대학원의 학생들을 대상으로 한 유명한 실험이 있다. 그들은 가상의 농구 선수 스탠 피셔(등번호 54번 또는 94번)가 다음 NBA 경기에서 몇 점을 넣을지 혹은 시내에 새로 생긴 가상의 레스토랑(스튜디오 17 혹은 스튜디오 97)에서 저녁 식사를 할 때 얼마나 많은 돈을 쓸지 예측했다. 등번호가 97인 스탠 피셔의 예상 득점수가 더 높았고, 이름에 더 큰 수가 들어간 레스토랑에서의 예상 지출이 더 컸다.

정말 섬뜩한 것은 지금부터다. 우리 삶에 끊임없이 등장하는 수가 뉴런 사이에 고정되어서 동시에 일어나는 다른 일에 대한 이해와 결정에까지 영향을 미친다면 어떻게 될까?

만보기의 큰 수가 ATM에서 더 많은 돈을 인출하게 만든다면? 최근 인스타그램에 게시한 사진이 좋아요를 많이 받아 이베이eBay나 레드핀Redfin에서 그렇지 않았다면 합리적인 가격이라고 생각했을 가격보다 높은 가격으로 입찰하게 된다면?

호기심이 생긴 우리는 약 1,500명에게 하루 동안 걸은 걸음 수를 적게 했다(대부분은 휴대폰에 걸음 수를 자동으로 계산하는 건강 앱이 있었다. 없는 사람은 최대한 정확하게 추측했다). 이후 그들에게 자신이 사는 도시의 방 하나가 있는 아파트를 매입한다면 얼마까지 지불할 의향이 있는지 수로 표시해달라고 요청했다. 어떻게 되었을까? 보고한 걸음 수가 많을수록 아파트에 지불하겠다는 금액이 더 높았다. 대도시에 사는 사람들이 더 많이 걷고(거리가 멀기 때문에) 대도시의 주택 가격이 더 비싸기 때문이라고 생각할 수도 있지만, 우리는 이 부분을 통제했다. 어떤 도시인지에 상관없이 걸음 수가 많을수록 지불할 의향이 있는 금액이 높아졌다. 더 많은 걸음을 걸은 사람들은 자신의 능력에 더 자신을 가지고 아파트에 더 많은 돈을 지불할 의향을 표현함으로써 자신에게 '보상'한 것일 수도 있다. 하지만 참가자들에게 그들이 사는 도시의 방 하나짜리 아파트의 평균 가격

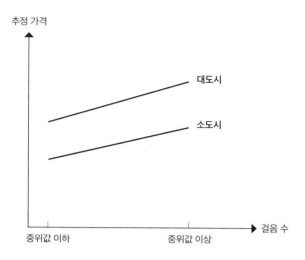

을 '추측'하게 했을 때도 효과는 같았다.

알고리즘이 특정 순간에 당신 주위에 있는 수의 크기를 감지해서 가짜 뉴스나 광고를(조지 오웰의 세상처럼) 그에 맞게 조정한다면 어떨까? 어떤 면에서는 이런 일이 벌써 일어나고 있다. 소셜 미디어 알고리즘은 조회, 댓글, 공유의 형태를 띠는 수에 반응해 조회, 댓글, 공유가 많은 게시물에 더 많은 지면을 할애한다. 우리는 수가 포함된 뉴스가 더 많은 클릭을 유발하고, 이중의 수 효과를 낳는다는 것을 이야기했다. 게시물 수가 더 많은 클릭을 생성하고, 다시 알고리즘을 통해 그 게시물이 더 많이 퍼지는 것이다. 충격적이거나 논란의 여지가 많은 수일 경우('스웨덴은 세계 강간의 수도인가?'에서와 같이) 그 힘은 더 커져서 가짜 뉴스가 이익을 보게 된다.

진짜 좋아요, 가짜 신뢰

안타깝게도 우리 인간은 알고리즘과 똑같이 움직인다. 여기에서 가짜 뉴스의 수가 우리에게 영향을 주는 다른 방법을 만나게 된다. 우리는 뉴스 속 수에서만 벗어날 수 없는 것이 아니다. 우리는 얼마나 많은 사람이 그 뉴스를 보았고 뉴스를 좋아했는지 알려주는 수, 즉 뉴스를 둘러싼 수에 대해서도 스스로를 방어할 수 없다. 온라인에서 좋아요를 많이 받은 뉴스가 좋아요 수가 적은 뉴스보다 신뢰도가 높다고 받아들여진다는 것이 여러 연구를 통해 드러났다. 또 뉴스에 좋아요가 많을 경우, 우리는 그 뉴스가 진짜인지 가짜인지 구분하는 데 어려움을 겪는다. 큰 수가 비판적 사고를 방해하는 모양이다. 진짜 뉴스와 가짜 뉴스의 좋아요 수가 적다면, 사람들은 그들을 구분하는 데 문제를 겪지 않는다.

더 터무니없는 일은 사람들이 게시글을 클릭하거나 읽지도 않고 좋아요를 누르고 댓글을 다는 경우가 많다는 것이다. 우리에게 영향을 미치는 좋아요 자체가 반드시 진짜는 아니라는 뜻이다. 사실 수는 영향력을 행사하기 위해 좋아요라는 형식을 빌릴 필요조차 없다. 조회 수만으로도 충분하다.

우리는 가상의 인물에 대한 긍정적 혹은 부정적 게시글을 보게 하는 실험을 했다. 한 게시글은 조회 수가 20회였고 다른 게시글은 2,000회였다. 긍정적 게시글을 본 사람들은 게시글의 조회 수가 20회에 불과할 때에 비해 2,000회일 때 가상의 인물을 더 긍정적으로 인식했다. 마찬가지로 부정적 게시글을 본 사람은 조회 수가 100배 더 많은 경우에 그 인물을 더 부정적으로 생각했다. 그럼에도 조회 수가 많은 것을 본 사람은 조회 수가 적은 것을 본 사람만큼이나 자신이 얼마나 많은 이들이 그 게 시글을 보았는지에 영향을 받지 않았다고 확신했다(반대로 다른 사람들이 수에 영향을 받았을 것이라고 생각하는 경향은 더 강했다).

몇 년 전부터 어떤 학술 논문을 다른 연구자들이 얼마나 인용했는지 확인하는 것이 가능해졌다. 의도는 좋다. 연구자들이 어떤 논문이 좋은 정보를 담고 있는지(표현은 참으로 좋지 않은가), 지속적인 연구에 중요한 기여를 했는지 알 수 있도록 하는 것이다. 그 수는 스스로를 강화한다. 수가 커질수록 많은 연구자가 그 논문을 읽고(그리고 인용하고), 따라서 수는 점점 더 커진다. 인용 횟수는 연구자가 어떤 자리에 지원하거나 승진 심사를 받을 때도 그들의 연구가 얼마나 중요하고 영향력 있는지 측정하는 기준 중 하나가 된다. 인용 횟수가 많은 내 논문 하나는 광고를 어떻게 재정의해야 하는가를 주제로 의뢰를 받아 쓴 것인데, 많은 연구자가 지나치게 급진적이어서 자신의 논문에서 반박하기 위해 인용했다. 이것을 보면 사실 양가적 감정이 든다. 이 논문의 인용 횟수가 많은 이유 중 하나는 다른 연구자들이 내 의견에 동의하지 않았기 때문이다!

미카엘

뇌의 IPS는 우호적인 사람과 어울리고 배타적인 사람은 피하라고 경고하는 우리의 원시적 생존 본능과 연결된 수 뉴런이 있는 곳이다. 우리가 보고 있는 영상을 얼마나 많은 사람이 보았는지에 영향을 받는 경향은 바로 이 IPS 때문이다. IPS는 다른 사람의 의도에 대한 우리의 해석도 통제한다. 수는 다른 사람의 행동을 찬성 혹은 반대 같은 의견의 형태로 '번역'해서 우리가 가담해야 하는지 경계해야 하는지 알려준다. 하지만 다른 사람들의 행동, 이 경우에는 사람들이 게시물을 보는 행동에 반드시 어떤 의미가 있는 것이 아니다. 그들은 게시물에 주의를 기울이지 않았을 수도 있고, 전체를 다 읽지 않았을 수도 있고, 어떤 의견도 갖지 않았을 수도 있다. 그들은 정반대 의견을 가졌을 수도 있다!

수(전혀 관련이 없는 수를 포함한)는 예리한 신호가 된다. 하지만 2,000명, 아니 20명과 친구가 되거나 그들을 피하는 것이 생사를 좌우할 가능성은 극히 낮다. 생명의 위협을 피하는 데는 한 번에 5명까지 추적할 수 있는 것으로 족하다. 아마존의 피라항족이나 문두루쿠족이 숫자 없이도 하듯이 말이다.

이제 우리는 어떤 사람이 얼마나 '유명'한지 알 수 있다. 그 사람에게 팔로어가 얼마나 많은지, 즉 그 사람이 하는 일을 보고 듣고 좋아하는 사람이 얼마나 많은지를 기반으로 말이다. 그 때문에 우리는 커지는 수에 따라 유명인들이 말하는 것을 더 중요하다고, 더 진실하다고 생각하게 될 위험이 있다. '많은 팔로어는 곧 높은 정확도다'라고 말이다. 앞서 언급한 대로 소셜 미디어 팔로어를 사는 것이 가능하다는 사실에 비추어 보면 이런 생각은 더 끔찍해진다.

마찬가지로 반대나 이의가 일종의 수 정신병에서 비롯될 수도 있다. 우리 스스로 중요하다고 생각해서가 아니라 너무나 많은 사람들이 어떤 사안을 중요하게 생각한다는 이유로 특정 입장으로 끌려가버리는 것이다.

나는 알라딘이라는 브랜드의 초콜릿 박스에서 트릴링뇌트(헤이즐넛을 넣은 초콜릿—옮긴이) 프랄린(설탕에 견과류를 넣고 조려 만든 것으로 보통 초콜릿 안에 넣는 재료로 쓴다—옮긴이)이 빠지게 된 일을 기억한다. 신문은 온라인에서 반대 의견을 표한 수천 명의 격렬한 반응을 보도했고, 다른 프랄린보다 제조 비용이 훨씬 많이 드는 트릴링뇌트 프랄린을 박스에서 제외하기로 결정한 제조사는 그것을 별개 제품으로 판매하기로 했다. 하지만 아쉽게도 수요가 극히 제한적인 것으로 드러나면서 그 계획은 곧 폐기되었다. 대중의 격렬한 반응은 그렇게 흐지부지되었다.

미카엘

이 장은 진실 왜곡에 대항하는 몇 가지 수 백신으로 마무리할까 한다.

1 수의 역설을 명심하라. 수가 검증 가능하다는 것이 수가 검증되었다는 의미는 아니다.

2 수가 진실이라 하더라도, 그것이 온전한 진실이란 의미는 아니다.

3 수에 유의하라. 수는 사람들의 공감 능력을 떨어뜨릴 수 있으며, 최악의 경우에는 수보다 더 중요한 메시지를 훼손할 수 있다.

4 수가 머릿속에 고정되어 당신에게 영향을 줄 수 있다는 사실을 명심하라. 수가 관련성이 없으며 부정확하다는 것을 알 때조차 말이다.

5 메시지를 둘러싼 수가 그 메시지의 진실에 대해서는 아무것도 말해주지 않는다는 것을 기억하라. 많은 사람이 보았거나 전달자의 팔로어 수가 많다고 메시지가 더 중요하거나 더 정확한 것은 아니다.

수와 사회

아직 잊지 마라. 우리는 수를 진실이라고 생각한다는 것을. 수가 우리 안에 어떻게 '고정'되고, 우리를 어떻게 오도하는지를. 수가 틀릴 수도 있다는 것을. 수가 틀렸다는 것을 알면서도 우리는 자신이 수에 영향을 받도록 놓아둔다는 것을.

아직 끝나지 않았다.

지금까지 이 책은 수가 당신의 자아상, 당신의 의견, 당신의 성과와 인간관계, 의욕과 행복 등 개인적 측면에서 어떤 영향을 주는지에 대해 많은 이야기를 했다. 하지만 개인으로서의 우리에게 영향을 미치는 것은 당연히 집단으로서의 우리에게도 영향을 미친다. 수가 우리 삶을 어떻게 이끄는지에 관한 책은 수가 사회 전반에 어떤 영향을 주는지에 대한 책이기도 하다. 조금만 눈을 돌려도 수가 사회의 다양한 측면에 영향을 미친다는 것을 알 수 있다.

사회는 수의 지배를 받는다. 기업의 중역, 판사, 정치인, 정부 관료가 의사 결정을 할 때 최종 발언권을 갖는 것은 무엇인가? 그렇다, 수다. 종종 틀리거나 잘못 해석된 수, 관련이 없거나 무작위적인 수, 혹은 당신이 바라는 말을 해주는 수 말이다.

잘 알려진 2015년 영국 총선에서의 예를 들어보자. 데이비드 캐머런David Cameron 총리는 최근의 세제 개혁으로 94% 가구의 형편이 나아졌다고 주장했고, 노동당의 에드 볼스Ed Balls

는 자녀가 있는 가정이 부가가치세로 1,800파운드를 더 냈다고 주장했으며, 닉 클레그Nick Clegg 부총리는 2,700만 명이 소득세를 825파운드 덜 냈다고 자랑스럽게 선언했다. 누가 틀린 걸까? 틀린 사람은 없다. 사실 세 가지 이야기 모두 맞다. 그들이 했던 것처럼 수와 통계를 아주 주의 깊게 선택해 사용한다면 말이다.

2016년 미국의 범죄 통계에 대한 논란은 또 어떤가. 도널드 트럼프는 자신의 트위터에 백인 살인 피해자의 81%가 흑인에게 살해되었다는 잘못된 그래픽을 리트윗했다(이 그래픽은 샌프란시스코 범죄통계국Crime Statistics Bureau이란 곳에서 인용한 것이었다). 그 수치는 극적이었고 충격적이었다. 백인 살인 피해자의 80%가 다른 백인에게 살해되었다는 정반대 수치를 보여주는 FBI의 자체 범죄 통계를 고려하면 특히 더 그렇다. 이런 사실은 그 수치가 들불처럼 번지는 것을 막지 못했다. 트럼프는 폭스 뉴스Fox News의 빌 오라일리Bill O'Reilly가 그 수치가 전혀 말이 안 된다고 맞서자, 다음과 같이 이야기했다. "이봐요, 빌, 내가 통계를 모두 확인해야 하는 거요? @RealDonaldTrump로 트윗을 보내는 사람이 수백만인데."

수는 단단히 고정된다

수의 고유 특성 중 하나는 그들이 초강력 접착제로 붙인 것처럼 단단히 고정된다는 점이다. 특정한 수는 기억에 새겨져 영원히 남는다. 30대가 넘었다면 어린 시절 집 전화번호를 여전히 기억하고 있을 가능성이 높다. 첫 차의 번호판도 마찬가지다. 특정한 수는 우리의 뇌 속으로 당당히 들어와 닻을 내린다. 주목받지 않고 스쳐 지나가는 것도 있다. 수는 모르는 사이에 당신이 매일 내리는 판단에 스며든다. 수는 원하든 원하지 않든 기준이 된다.

지금까지는 총격으로 인한 연간 사망자 수처럼 우리가 보거나 듣는 수가 우리 판단에 어떻게 영향을 미치는지에 대해 이야기했다. 그와 비슷한 사례는 수없이 많다. 다 자란 기린의 몸무게는 얼마 정도 나간다고 생각하는가? 당신이 몇 명 존재하지 않을 기린 전문가가 아니라는 전제하에, 당신은 근거 없는 추측을 하게 될 가능성이 매우 높다. 우리가 힌트나 참조 기준을 제시하면 당신은 거기에 맞추어 예상치를 조정할 것이 거의 확실하다. 기린의 몸무게가 2,000파운드(약 907.2킬로그램)보다 많이 나갈지 적게 나갈지 물은 후 정확히 몸무게가 얼마라고 예상하는지 질문하면, 당신은 아마 비교적 큰 수로 답할 것이다. 하지만 우리가 기린 몸무게가 600파운드(약 272.2킬로그램)보다 많이 나갈지 적게 나갈지 물은 후 몸무게가 정확히 얼마일 것이라고 예상하는지 묻는다면, 당신은 훨씬 작은 수로 답하게 될 것이다.

관련된 문제가 말뫼의 총격 사망자 수이든, 핵전쟁의 위험이든, 주식시장에서 거래되는 기업의 가치이든, 기린의 몸무게이든 관계없이, 우리는 끊임없이 '고정점anchor point'을 향해 기운다. 그런 고정점이 참이든 거짓이든, 의식하든 못하든, 그

것은 우리가 매일 내리는 결정에 영향을 준다.

아모스 트버스키Amos Tversky와 대니얼 카너먼Daniel Kahneman
은(그는 이후 노벨 경제학상을 수상했다) 이런 현상을 처음으로 연
구했다. 그들의 연구에서 참가자들은 우선 10이나 65에서 멈
춘 룰렛 휠을 보았다. 이후 참가자들은 UN 가입국 중 아프
리카 국가가 몇 개국일지 추측해보라는 질문을 받았다. 휠이
10에서 멈춘 것을 보았던 참가자들은 낮은 수로 답을 한(평균
25%) 반면, 휠이 65에서 멈춘 것을 본 참가자들은 평균적으로
UN 가입국 중 45%가 아프리카 국가라고 추측했다. 따라서
주어진 문제와는 아무런 관련도 없는 완전히 무작위적인 수에
예상하기 힘들 정도로 큰 영향을 받았다. 수는 어떤 식으로든
뇌에 스며든다.

이런 것이 무슨 의미가 있느냐고 생각하는 사람도 있을 것
이다. 기린의 몸무게(약 1,500~2,500파운드, 즉 약 680~1134킬로그
램) 추정치나 UN의 아프리카 회원국 비율(28%)에 수가 영향
을 미친다는 사실은 큰 사회적 문제일 리 없다.

하지만 아닐 수도 있다.

당신 뇌에 깊이 자리 잡은 수가 당신 나라가 감당할 수 있는
이민자의 최대치라면? 향후 10년간의 예상 대출이자라면? 범
죄자가 수감되어야 하는 햇수라면? 그러면 수는 갑자기 골치
아픈 문제가 된다.

우리는 고정이 어떻게 작용하는지에 대해서도 상당히 많은
것을 알고 있다. 일련의 연구는 재판 초반에 어떤 수(형량이나
보상의 제시 등)가 제시되는 경우, 그 수가 배심원과 판사에게

체계적으로 영향을 미친다는 것을 보여준다. 작은 수일 경우 선고되는 형량이 낮아지는 경우가 많고, 큰 수일 경우 피고는 더 긴 형량을 선고받을 위험이 있다. 다른 정보가 없을 때, 우리 인간은 수를 닻이자 기준으로 사용한다. 닻이 일단 우리 기억에 발판을 마련하면, 우리는 그 닻에서 벗어나기가 대단히 힘든 것으로 입증되었다.

정치인들이 노출되는 수, 특히 그들이 유권자에게 제시하는 수도 마찬가지다. 그 수들은 기억에 단단히 고정된다.

이런 고정이 전문가가 경제 추정치, 핵심 지표, 미래 전망에 도달하는 방식에 영향을 미친다는 것이 연구를 통해 입증되었다. 거시 경제 지표(금리, 환율, 경제성장률)의 전문가 추정치는 정치인이나 민간의 의사 결정권자에게 극히 중요하다. 이런 추정이 관련된 혹은 관련되지 않은 수에 영향을 받는다면 정치인이 형편없는 결정을 내리게 될 위험이 있다.

정치인이 우리에게 제시하는 수치는 참이든 거짓이든, 의식하든 못하든, 우리의 평가에 영향을 미친다는 것 역시 문제가 된다. 트럼프가 내놓았던 가상의 수치와 그것이 미국 유권자에게 영향을 준 방식에 대해 생각해보라. 2019년 스위스의 한 연구는 많은 수 혹은 적은 수의 이민자를 받아들이고자 하는 사람들의 자발성이 그들에게 제시된 서로 다른 앵커링 수에 따라 달라진다는 것을 보여주었다. 앵커링 효과는 대단히 강해서 어떤 정당에서 그 수를 사용했는지조차 문제가 되지 않았다. 어쨌든 개인은 영향을 받았다.

여러 연구가 수의 앵커링이 경제와 정치적 결정에서 마하트마 간디의 나이, 성관계의 평균 지속 시간, 보드카의 어는점에 대한 추정에 이르기까지 모든 것과 관련된 결과에 영향을 주는 강력한 현상임을 보여주었다.

앵커링은 다른 사람으로부터 비롯된 것이든("중개업자가 비슷한 집이 50만 달러에 나간다고 했다") 당신 자신에게서 비롯된 것이든("그 집은 60만 달러 이상의 가치가 있다") 당신의 평가에 영향을 미친다. 중고 텔레비전 1,000달러에 팔고 싶은가? 그럼 2,900달러에 샀다고 광고하라. 사람들은 그것을 좋은 거래라고 생각할 것이다. 누군가에게 100달러를 빌리고 싶은가? 처음에 500달러를 요청하라. 상대가 500달러 빌려주는 것을 거절한다면 그때 100달러를 요청하라. 이제 상대는 100달러를 큰 액수로 보지 않을 것이다.

그런데 성격 역시 앵커링 수가 판단에 영향을 주는 정도를 결정한다는 것을 아는가? 규정을 따르는 고분고분한 보통 사람이라면, 기준이 되는 수에 더 큰 영향을 받는다. 권위에 의문을 품는 경향이 강하다면, 기준이 되는 수가 당신의 결정을 이끌어내는 정도가 약해진다. 하지만 성격이 어떻든 수는 우리 뇌에 확고하게 고정되어 우리 결정에 우리가 예상하는 것보다 훨씬 큰 영향을 미친다.

수에 완전히 속는

수는 구체적이고, 정확하고, 분명하다. 그렇지 않은가? 우리는 그런 말을 들어왔다. 혹은 그렇게 생각해왔다.

> 수는 거짓말을 하지 않는다.
> 수는 정직하고, 통제 가능하며, 중립적이다.
> 합리적이고 계몽된 사회는 감정이나 의견이 아닌 수에 기반을 둔다.
> 우리는 수와 사실을 근거로 결정을 내려야 한다.
> 우리는 어쨌든 계몽된 민주 사회에서 살고 있다.

하지만 문제는 수가 종종 우리를 속인다는 데 있다. 정치적 논쟁에서는 수를 많이 들먹이는 쪽이 이긴다. 그들이 최종 결정권을 가진다. 수를 가볍게 다루지 마라. 국가 통계 기관이나 연구 보고서, 대중에게서 나온 수라면 특히 더 그렇다. 그런 수는 반드시 참이다.

이게 맞는 말일까? 의사 결정권자와 정치인(그리고 당신 자신)은 여러 방식으로 수에 속거나, 수를 통해 서로를 속일 수 있다. 가장 중요한 두 가지를 좀 더 자세히 살펴보자.

수는 틀렸다

사회 속에서 수의 첫 번째, 가장 명백한 문제는 수가 틀린 경우다. 수가 부정확하거나 오해의 소지가 있는 데는 여러 이유가 있다(특히 재미있는 이유도 있다).

사람들은 거짓말을 한다

항상 거짓말을 하는 것은 아니고, 항상 의식적으로 거짓말을 하는 것도 아니다. 하지만 사람들은 선의의 거짓말을 하고 진실을 검열해 삭제하거나 윤색하기도 한다. 예를 들어 여론조사, 특히 정치나 성과 같은 민감한 주제에 관련된 여론조사에서 말이다.

영국의 한 연구는 2010년부터 2012년까지 이성애자들로부터 데이터를 모았다. 남성은 평균적으로 7명의 여성과 성관계를 했다고 보고한 반면, 여성이 보고한 성관계 상대 수는 그 절반 정도였다. 불가능해 보이는 결과다. 가외의 여성들이 어딘가에서 와야 말이 된다.

그렇다면 남성 혹은 여성이 사실을 좀 꾸며냈다는 의심을 할 수밖에 없다. 그보다 7년 앞서 이루어진 한 연구는 이를 우아한 방식으로 실증했다. 연구 대상자들은 성적 습관에 대한 질문을 받았다. 그중 절반은 가짜 거짓말탐지기에 연결했다. 결과는? 여성의 경우 성관계 상대의 수가 평균 2.6명에서 4.4명으로 70% 증가했다.

사람들은 설문에 응답할 때 사실을 조금 왜곡한다. 그 원인을 연구자들은 '사회적 선망 편향social desirability bias'이라고 부른다. 우리는 다른 사람들이 호의적으로 볼 것이라 생각하는 방향으로 대답하는 경향이 있다. 익명으로 하는 설문에서도 이런 일을 한다. 정치적 성향, 종교, 이민 문제부터 소득, 성적, 건강, 약물 남용, 피임약 사용에 이르는 주제까지, 우리는 '바람직하지 않은' 행동은 적게 보고하고 좋은 행동과 태도는 부풀려 보고하는 경향이 있다. 여론조사의 주체가 상황을 오해하는 것이 당연하다.

수에는 체계적인 오차(혹은 계통적 오차)가 있다

대부분의 사람들은 2016년 미국 대선 전날, 미디어와 여론조사 업체가 거의 이견 없이 힐러리 클린턴이 도널드 트럼프를 꺾을 것이라고 예측했던 것을 기억한다. 프린스턴대학교의 샘 왕Sam Wang 교수는 트럼프가 이기면 벌레를 먹겠다고 공언할 정도로 결과를 확신했다("99%"). 그는 며칠 후 CNN에서 생방송으로 귀뚜라미를 씹어 먹어야 했다. 그는 귀뚜라미에 대해 "대부분 꿀과 같은 맛이고 약간의 견과류 맛이 섞여 있다"고 말했다.

여론조사에 오류가 발생하는 이유는 다양하다. 표본 선정의 오류, 표본의 작은 크기, 큰 오차 범위 혹은 질문이 잘못된 경우도 있다. 같은 질문을 거의 동일한 방식으로 던져도 극적으로 다른 결과가 나올 수 있다. 예를 들어 1990년대 초, CNN은 갤럽Gallup Institute과 공동으로 미국인의 55%가 NATO의 세르비아군 폭격에 반대한다고 보도했다. 같은 날, ABC 뉴스는 65%가 이 폭격을 지지한다고 보도했다. ABC 뉴스 설문의 질문은 미국이 '유럽의 동맹들과' 폭격을 해야 했는가로 약간 달라졌을 뿐이었다.

마찬가지로 '낙태 반대' 대신 '생명 존중'처럼 가치 판단적 단어를 사용하면 같은 현상에 대해서도 극적으로 다른 수치가 나온다. 간단한 예/아니요 선택도 방식을 근본적으로 달리하면 전혀 다른 수치를 얻을 수 있다. 예를 들어 장기 기증에 대한 결정에서 사전 동의 방식("장기 기증에 동의하면 이곳에 표시해주세요")을 사용할 수도, 기피 방식("장기 기증에 동의하지 않으면 이곳에 표시해주세요")을 사용할 수도 있다. 방식은 다르지만 동일한 선택이고, 당신은 원하는 대로 자유롭게 선택을 할 수 있다. 그렇지만 기피 방식은 동의 방식보다 동의율이 2배 정도 높아지는 경우가 많다.

데이터베이스의 수가 잘못 코딩된 경우

수는 컴퓨터를 바보로 만들 수도 있다. 밀레니엄 버그millennium bug라고도 하는 Y2K를 기억하는가? 새로운 밀레니엄 해가 다가오면서, 프로그래머들은 컴퓨터가 '00'을 2000년이 아닌 1900년으로 해석할 수 있다는 것을 깨달았다. 큰 문제가 아닌가. 은행(-100년에 대한 이자를 계산할 수 있다)뿐 아니라 항공사, 군대, 발전소 등 정확한 날짜에 의존하는 모든 시스템에 문제가 생길 수 있었다. 사람에 따라 Y2K 버그를 고치는 데 전 세계적으로 1,000억 달러에서 6,000억 달러의 비용이 들어간 것으로 추정한다. 2000은 역사상 가장 값비싼 수일 것이다. 그 덕분에 다행히 일본 이시카와의 원자력발전소에서 발생한 작은 방사선 장비 고장 외에는 큰 문제가 없었다.

사람들도 실수를 한다. 서툰 손가락이 만든 실수나 프로그램의 오류가 무작위적인 것에서 체계적인 것까지 크고 작은 영향을 낳는다. 개인의 소득, 주소, 신용 점수가 잘못 입력되면 이는 관련된 사람에게 상당히 유감스러운 일이 될 것이다. 잘못된 코딩은 훨씬 더 극적인 결과를 불러올 수 있다. 2009년에서 2010년까지 영국의 건강 등록부에 1만 7,000명의 임신한 남성이 등장한 것처럼 말이다. 다행히 누군가가 발견해 코딩 오류를 바로잡았다.

수의 정밀성은 과장되었다

우리가 매일 사용하는 수의 대부분은 물론이고, 경제학자와 금융 분석가, 정치인과 의사 결정권자가 사용하는 수는 상당한 불확실성과 연관되어 있다. 이런 불확실성은 측정 실수, 통계적 오차 범위, 그리고 이들 수가 불확실한 데이터를 기반으로 한 추정치인 경우가 많다는 데 기인한다. 우리는 미래의 금리, 주택 가격, 전기료가 어떻게 변화할지 알지 못한다. 그런데도 이런 수들이 존재한다. 우리에게는 가격, 예상치, 분석가, 인공지능, 시장, 심지어 선물 시장이 있기 때문이다. 불확실한 수에 더 많은 수와 소수점을 더할수록, 수는 더 확실하고 정확하게 보인다. 2027년 영국의 주택 융자 평균 이자율이 3.15%가 될 것이라는 말은 상당히 정밀하게 보인다. 그렇지 않은가? 하지만 잠시 이런 대단히 불확실한 예측에 소수점 둘째 자리까지 포함된 것이 얼마나 황당한 일인지 생각해보라.

모든 사람이 이 점을 포착하는 것은 아니다. 우리는 지나치게 정밀한 예측을 바탕으로 지나치게 자신 있는 결정을 내릴 위험이 있다. 팬데믹 와중에 〈2020 OECD 고용 전망: 고용 안정성과 코로나19 위기OECD Employment Outlook 2020: Worker Security and the COVID-19 Crisis〉는 "2차 유행이 없다면 2021년 말 실업률은 세계 금융 위기 동안 관찰된 최고점 수준 혹은 그 이상으로, 즉 7.7%에 달할 것"이라는 예측을 내놓았다. 18개월 후 팬데믹 상황이 몇 번이나 더 있었는데도 실업률은 그 절반에 불과한 것으로 드러났다.

미래는 대단히 불확실하며 우리가 상상도 하지 못한 방향으로 움직이곤 한다. 1900년 파리에서 열린 만국박람회Exposition Universelle에서 프랑스의 상업 예술가 장마르크 코테Jean-Marc Côtè가 내놓은 11가지 미래 예측 중 맞은 것은 단 3가지였다. '고래를 길들여 운송 수단으로 사용할 것'이나 '소방관이 박쥐 날개를 달고 날아다닐 것'이라는 등의 예측은 모두 틀렸다. 시간이 흘러 1964년, 랜드연구소RAND Corporation는 2020년에는 인간이 동물 직원을 둘 것이라는 예측을 발표했다. 랜드의 연구진은 바보가 아니다. 그들은 우주 프로그램과 이후 인터넷 개발에 기여한 사람들이다. 하지만 아무리 똑똑한 사람이라도 정밀하지만 틀린 예측을 하는 경우가 많다.

기술처럼 변화하는 표적에 대한 정밀한 예측은 특히 위험하다. 〈파퓰러 메커닉스Popular Mechanics〉 1949년 3월호에 실린 이 인용문이 대표적인 예다. "지금의 에니악ENIAC(세계 최초의 디지털 컴퓨터) 같은 계산기에는 1만 8,000개의 진공관이 장착

되어 있으며 무게가 30톤에 달하지만, 미래의 컴퓨터에는 진공관이 1,000개뿐이고 무게는 겨우 1.5톤 정도 될 것이다."

바로 이런 것이다. 극히 불확실한 것에 대해서는 정밀한 예측을 하거나 수를 부여하지 말아야 한다. 미래에 대한 추정치뿐 아니라 모든 수와 양에 대해서도 마찬가지다. 노르웨이인 친구 3명 중 2명이 고래 고기를 먹지 않는다고 해서 전체 스칸디나비아인의 66.67%가 고래 고기를 먹지 않는다고 할 수는 없다. 데이터가 빈약하고, 부실하고, 왜곡되어 있을수록 추정은 부정확해진다. 치과 의사의 80%는 콜게이트Colgate 치약을 추천하지 않는다. 광고에서는 추천한다고 주장하지만 말이다. 이후 해당 연구에서 치과 의사들은 1개 이상의 브랜드를 언급할 수 있었고, 따라서 대다수 치과 의사들이 여러 개의 브랜드를 언급한 것으로 밝혀졌다. 정상 체온은 정확히 화씨 98.6도(섭씨 약 37도)가 아니다. 사람마다, 하루 중 어느 때인가에 따라, 또는 날씨와 생리 주기에 따라 약 1~2도 차이가 난다. 측정 방법에 따라 달라지는 것은 말할 것도 없다. 체온이 화씨 100.2도(섭씨 약 37.9도)이더라도 완벽한 몸 상태로 사무실에서 업무가 가능하다.

방법론적 오류가 있는 연구에 기반을 둔 수도 있다

연구에는 좋은 연구도, 나쁜 연구도 있다. 후자는 '나쁜 과학bad science'이라고 불린다. 저명한 학술지에도 부주의나 바람직하지 않은 방법론 혹은 속임수에 의한 부실한 연구가 침투한다. 다행히 그런 연구 논문은 보통 적발되어 철회된다. 저명한 의학 저널 〈랜싯The Lancet〉에 의사 앤드루 웨이크필드Andrew Wakefield와 그의 동료들이 진행한 연구가 실린 적이 있다. 자폐 스펙트럼을 MMR Measles-Mumps-Rubella(홍역, 풍진, 볼거리―옮긴이) 백신과 연관 지은 연구였다. 이는 사실이 아닌 것으로 밝혀졌고 논문은 철회되었다. 웨이크필드는 영국에서의 의사 자격까지 박탈당했다.

하지만 자폐 스펙트럼과 MMR 백신의 연계와 수는 특정한 사람들(특히 백신 반대자)의 머릿속에 고착되었고, 그 연구 결과는 일종의 진리의 오라에 싸여 있게 되었다. 아니 땐 굴뚝에 연기가 나겠는가? 2019년 65만 명의 어린이를 대상으로 실시한 대규모 연구가 MMR 백신과 자폐 스펙트럼의 모든 연관성을 명확하고 분명하게 부정했다는 것을 전혀 개의치 않는 사람들이 있었다.

나는 20년쯤 전에 일리노이의 목초지에서 열린 즐거운 가든파티에 참석한 적이 있다. 그곳 대학에서 막 교수로 승진한 분을 축하하는 자리였다. 당시 나는 경험이 없는 젊은 대학원생이었고 이 교수님을 큰 뜻을 품은 현명하고 자신감 넘치는 분으로 기억하고 있었다. 그는 음식과 영양에 대한 연구에 특히 관심이 많았고 접시 크기와 1인분 양에 대한 연구로 널리 알려졌다. 이후 그는 미국에서 영양과 관련한 국가 주요 사업에서 임무를 맡았고 〈뉴욕 타임스〉 등의 언론에 자주 인용되었다.

문제는 그의 여러 논문에 언급된 수치가 그리 정확하지 않았다는 데 있었다. 정확하게 말하면 그는 데이터를 끼워 맞췄다. 우리가 p-해킹p-hacking이라 부르는 행위였다. 이후 언론에 그의 이메일이 유출되었다. 그와 함께 수행한 연구에서 특별히 흥미로운 결과를 발견하지 못한 연구 조교가 보낸 메일에 대해 그가 보낸 답장에는 이런 말이 있었다. "나는 처음 보았을 때 데이터가 '분명히 드러나는' 연구를 해본 적이 없네. 관계가 나타날 때까지 데이터를 자르고 하위 집단을 분석하는 모든 다양한 방법을 생각해

교수는 어떤 부정도 없었다고 주장했지만, 이 일화는 수가 우리를 속이는 두 번째 이유, 즉 잘못된 해석으로 이어진다.

수는 잘못 해석될 수 있다

수는 정확하지만 잘못 해석될 수 있다. 이런 경우 그것을 기반으로 한 결론과 결정이 완전히 어긋난다. 당신이 보고자 하는 패턴만 보았기 때문일 수도 있고, 수치나 그 수치가 나온 이유를 정말로 잘못 해석했기 때문일 수도 있다. 이 두 함정의 조합은 상당히 강력하다.

우선 후자의 예를 들어보자. 두 수 사이의 혹은 두 단위 사이의 관계를 인과관계로 잘못 해석하는 것이다. 상관관계와 인과관계를 혼동하는 일은 많은 학자가 선호하는 대화 주제로, 모임이 길어진 야심한 시각이면 아주 재미있는 이야기가 등장한다. 최근 노르웨이 농업의 친구들Friends of Norwegian

Agriculture이라는 그룹의 페이스북 게시글은 이를 잘 보여준다. 게시물에는 "노르웨이에서는 육류를 많이 먹는 것이 건강에 해가 된다는 이야기가 끊임없이 나옵니다. 하지만 이 이미지(게시글에 첨부된)는 고기 소비가 늘어남과 동시에 수명이 증가했음을 보여줍니다"라고 적혀 있었다. 우리가 몇 가지 다른 예를 드는 동안 이에 대해 잠깐 생각해보라.

1999년 CNN은 저명한 과학 저널 〈네이처Nature〉에 실린 한 연구를 기반으로 불을 켜놓을 채 잠을 자는 아이들은 이후 근시가 될 가능성이 훨씬 더 높다고 보도했다. 불을 켜고 자는 것이 근시를 유발한다는 연구의 기반이 된 수치는 더없이 명료했다. 하지만 얼마 후 다른 연구자들은 이 문제를 조사해, 부모의 근시와 아이의 근시에 강한 연관성이 있음을 발견했고, 근시인 부모는 밤에 아이들 침실에 불을 켜두는 경우가 더 많다는 것도 알아냈다. 부모의 근시가 자녀의 근시와 불을 켜두는 일 두 가지 모두의 원인이었던 것이다. 연구진 중 한 명은 무심히 이렇게 말했다. "우리는 이것이 부모 본인의 시력이 나빠서일 것이라고 생각한다." 근시에 있어서라면 야간 조명보다는 유전학이 중요한 예측 변수인 것이다.

사람들은 인과성에 강한 확신을 가지는 주제에 대해 이를 뒷받침하는 증거로 유사한 변화 추이를 보일 뿐인 상관관계를 내놓곤 한다. 담배업계는 담배와 암의 관계를 부정하기 위해 수십 년 동안 매우 의심스러운 상관관계 데이터에 의존했다. 백신 반대와 음모론 사이트는 백신이 여성의 유산을 유발한다는 등의 주장에 대한 증거를 내놓는다. 하지만 그들은 일반적

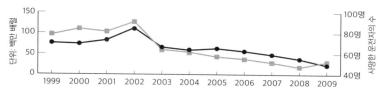

미국의 노르웨이산 크루드 오일 수입량과
기차와의 충돌로 사망한 운전자 수의 변화 추이

→ 기차와의 충돌로 사망한 운전자의 수
→ 미국의 노르웨이산 크루드 오일 수입량

출처: 타일러 비겐(Tyler Vigen)

인 일은 동시에 발생하는 경우가 많다는 사실을 간과한다. 임신한 여성 중 많은 수가 백신을 접종할 것이다. 또 자연유산은 빈번히 일어나곤 한다. 이를 고려하면 백신 접종 24시간 내에 유산하는 것은 오로지 우연에 의해서도 충분히 일어날 수 있는 일이다. 그런데도 의심스러워하는 사람들을 위해 말하자면, 여러 건실한 연구가 임신 중 백신 접종이 완벽하게 안전하다는 사실을 밝혀냈다.

수명과 고기 소비에 대한 페이스북 게시물에 대해서는 생각을 좀 해보았나? 고기 소비와 수명 외에 1950년부터 2020년까지 증가한 다른 수치를 고려해보라. 평균수명이 길어졌음에도 고기 소비가 건강에 부정적 영향을 미칠 수 있다는 것이 이론적으로 가능한 주장인가?

상관관계와 인과관계의 차이는 좋은 농담 소재가 될 수 있다. 예를 들어 미국의 치즈 소비량은 침대 시트에 얽히거나 끼여 사망하는 사람의 수와 비슷한 추이로 움직이는 상관관계에 있다. 그렇다고 두 수치 사이에 인과관계가 있다고 할 수 있을까?

그럴 가능성은 거의 없는 듯하다.

두 수가 동시에 움직이면서 논리적으로도 얽혀 있는 상관관계라면 숙련된 연구자조차 속기 쉽다. 반드시 존재하는 것은 아닌 인과관계를 가정하게 되는 것이다. 기업, 조직, 정치 토론, 수천 가구의 가정에서 여러 주제(낙태, 백신, 경제, 건강 보조 식품, 고기 소비)를 놓고 벌어지는 토론에서 매일같이 이런 일이 일어난다.

우리 인간은 자신의 가치관과 정치적 의견을 근거로 수를 읽는 경향이 있다. 때로 우리는 악마가 성경을 읽는 방식으로 수를 읽는다. 종종 수가 뭔가 다른 이야기를 해주길 바라는 것은 그리 이상한 일이 아니다. 심리학자들은 '확증 편향confirmation bias'과 '동기화된 논증motivated reasoning'이라는 두 가지 관련된 현상에 대해 이야기하곤 한다. 우리는 자신의 관점을 확인해주는 수를 찾으려 하고 거기에 더 집중하는 경향이 있다. 와인을 좋아하는 사람은 와인이 유익하지 않다는 연구보다 와인이 유익하다는 연구를 더 중요하게 생각한다. 와인이 암을 유발한다는 내용의 기사를 클릭하려 하지 않는다. 기후변화가 인간이 유발한 것이라는 데 회의적인 사람과 기후변화에 대한 진실을 완전히 받아들이는 사람은 각기 다른 안경을 끼고 기후변화에 관련된 수치를 읽는다. 트럼프를 지지하는 사람은 CNN이 보도하는 뉴스가 모두 가짜 뉴스라고 생각한다.

모두가 그런 함정에 빠질 수 있다. 노르웨이에서 소를 기르는 사람이라면 고기 소비와 수명에 대한 수치를 채식주의자와는 다른 시각으로 본다. '수에만 매달리는 괴짜'조차 확증 편향에 빠진다. 다만 당신이 생각하는 것과는 방향이 다를 뿐이다. 2017년의 한 연구는 수학적 기술이 뛰어난 사람들은 자신의 세계관과 충돌하는 수와 문제를 해결하는 데 수학적 기술을 활용하는 경우가 더 많다는 것을 보여주었다. 그들은 자신의 견해가 사실임을 보여주는 수에는 훨씬 적은 에너지를 할애했다. 그런 수는 무비판적으로 받아들인 것이다. 따라서 수에 조예가 깊은 사람들은 자신의 견해를 지지하는 수를 비판적으로 분석하기 전에 '반대되는' 수를 해부하는 일을 우선한다. 이 역시 사람이 선택적으로 추론하고 확증 편향에 빠질 수 있다는 것을 뒷받침한다.

정치인, 기업 중역, 기타 지도자는 어떨까? 그들 역시 자신의 견해를 지지하는 수만 선택적으로 받아들이는 확증 편향에 빠질 때가 있을까? 같은 수를 기반으로 다른 사람과 전혀 다른 결론을 도출하는 경우가 있을까? 엄밀히 말하면 그저 같이 움직일 뿐인 상황에서 인과관계를 주장할까? 완전히 틀린 수로 자신의 주장을 뒷받침할까?

인간이라면 그럴 것이다. 동시에 일터와 조직에서 점점 많은 결정이 수와 새로운 방식의 측정을 기반으로 이루어지고 있다.

그렇다면 사회 속에서 살아가는 우리가 현재 서로를 어떻게 측정하고 정량화하는지 조금 더 살펴보자.

수 마라톤

때는 1924년, 장소는 미국 일리노이 시서로. 웨스턴 일렉트릭 컴퍼니Western Electric Company 호손Hawthorne 공장 직원들은 일을 하면서 어떤 연구에 참여하고 있었다. 생산성을 주제로 한, 거의 8년에 걸쳐 이루어진 이 연구는 이후 많은 논의를 불러일으킨다. 이 연구의 목적은 물리적 작업 환경과 주변의 변화가 노동자의 생산성에 어떤 영향을 미치는지 알아내는 것이었다. 연구자들은 통제 실험을 통해 노동자 주변을 체계적으로 조정했다. 처음에는 작업 공간의 조명 강도에서 시작했다. 일부 노동자에게는 한동안 조명에 변화를 주었고 다른 노동자에게는 변화를 주지 않았다. 이후 연구자들이 생산성을 측정했다. 주변 조명의 강도에 변화(어떤 변화였는지에 관계없이)를 경험한 노동자들의 생산성이 향상된 것으로 드러났다. 거기서 끝이 아니었다. 조명을 일관되게 유지한 통제 집단의 생산성도 높아졌다! 호손 공장 연구에서 놀랍고도 이상한 점은 연구자들이 어떤 변수를 변화시키는지에 관계없이, 실험 집단과 통제 집단 '모두'에서 생산성이 향상되었다는 것이다.

초기의 심리학과 조직행동론 교과서에서는 이 실험을 '조명 연구illumination studies'라고 불렀고 이후 이 현상은 '호손 효과'라는 이름을 얻었다. 관찰되고 있다는 사실 자체가 행동 변화로 이어진다는 내용이다. 1930년대 이후 연구자들은 이런 결과의 원인, 사용된 방법론, 호손 효과가 정말 존재하는가를 두고 논쟁을 벌였다. 지금은 대부분의 연구자가 관찰되거나 측정되고 있다는 사실이 사람의 노력과 (단기적인) 성과부터 선호와 우선순위에 이르기까지 모든 것에 영향을 줄 수 있다는데 합의한다.

이후 측정과 수는 민간 기업, 군, 자원봉사 조직, 그리고 학교, 경찰서, 의료 시설 같은 공공 기관까지 업무 공간 구석구석에 스며들었다. 기술이 지속적으로 발전하면서 수가 점점 늘어나고 그와 함께 측정도 더 많이 이루어지고 있다. 우리는 이미 그것에 너무나 익숙해진 나머지 더 이상은 반응조차 하지 않는다.

수에 사로잡혀 측정을 즐기는 것도 도움이 되지 않는다.

어린 시절 디지털시계가 유행했던 것이 기억난다. 디지털시계는 시간을 알려줄 뿐 아니라 여러 국가國歌를 재생할 수 있었다. 왜 그런 기능이 있었는지는 모르겠지만 어쨌든 대단하게 느껴졌다. 그러나 더 대단한 것은 100분의 1초와 랩 타임lap time(트랙을 한 바퀴 도는 데 걸리는 시간—옮긴이)을 측정할 수 있는 새로운 타이머 기능이었다. 우리는 모든 것의 시간을 재기 시작했다. 학교 식당에서 줄 서 있는 시간, 미트볼을 먹는 데 걸리는 시간(학교에는 한 사람당 최대 10개라는 엄격한 규정이 있었다), 당근 스틱을 먹는 데 걸리는 시간(비교를 위해 당근도 10개씩 먹었다. 미트볼에 비해 먹는 시간이 눈에 띄게 늘어났다), 윙크하는 데 걸리는 시간(측정하려면 여러 번 시도해야 했다. 나는 윙크하는 데 걸리는 시간이 평균 100분의 19초였던 것을 아직도 기억한다)까지.

미카엘

대부분의 것을 측정할 수 있다는 사실은 반드시 모든 것을 측정해야 한다는 의미도, 우리가 항상 적절한 것을 측정하고 있다는 의미도 아니다. 측정 자체에 따르는 결과도 있다. HBO의 드라마 〈더 와이어The Wire〉는 공공 부문에 측정을 잘못 도입하는 것이 얼마나 끔찍한 일을 불러올 수 있는지를 디스토피아적이면서도 흥미진진하게 설명한다. 정량적 목표를 달성하는 데 지나치게 집착해서 경찰의 유효성과 사기가 모두 떨어진다는 내용이다. 현실에서는 교사들이 전국 단위의 시험과 측정에 집중하느라 학생들의 다른 모든 교육이 엉망이 되는 것을 발견한다. 정치인은 경찰이 달성해야 하는 비현실적인 목표를 설정한다. 그런 목표를 달성하려면 경찰은 진짜 범죄를 무시하고, 복잡한 사건을 묻어두고, 사소한 사건만 해결해야 한다.

우리는 앞에서 전반적인 측정의 효과와 적절성에 대해 알아보았다. 측정 때문에 외적 동기가 내적 동기를 압도하고 한때 정말로 즐기던 것에 흥미를 잃을 위험이 있다는 것도 이야기했다. 직장에서의 측정과 성과 보너스가 목적을 훼손하며, 측정되고 정량화되는 것이 의도하지 않은 부작용을 낳을 수 있고, 부정행위를 시작하고, 더 이기적인 성향이 되고, 측정이 이루어지는 것에만 행동을 맞추게 된다는 것을 확인했다. 이는 직원과 조직에도 그대로 적용된다.

구급차와 주정차 단속

직원들은 응답 시간, 고객 만족도, 낮은 오류율, 핵심 지표 등 가장 쉽게 보상을 주는 수치에 노력을 집중시킨다. 기업과 조직도 마찬가지다. 대학은 가장 인기 있는 프로그램, 과학 저널이 가장 높은 점수를 주는 연구를 우선하고, 국제 순위와 승인에서의 측정 변수에 따라 운영 전략을 주의 깊게 조정한다. 정부에서 조달받는 자금이 그런 측정에 연결되어 있기 때문이다. 병원마저 포인트 시스템에서 가장 점수가 높은 것에 근거해 환자, 수술, 개입의 우선순위를 정한다.

병원은 측정의 횡포에 영향을 받지 않는다고 생각하는가? 영국에서는 병원이 새로운 보상 시스템에 맞추기 위해 환자를 구급차에 태우기 시작했다. 환자가 병원에 도착한 후 4시간 내에 치료를 받지 못하면 병원이 재정적 불이익을 받기 때문이었다. 그 결과 어떤 일이 벌어졌을까? 병원이 4시간 내에 환자를 확실히 처치할 수 있을 때까지 구급차들이 병원 밖에 길게 늘어서게 되었다. 미국에서는 수술 후 30일 동안 생존한 환자에 대해서만 비용이 지급되기 때문에 환자를 31일 동안 인공적으로 살려둔 경우도 있었다.

> 이런 사례를 보면 내 이야기는 너무 사소하게 느껴진다. 나는 10대 시절 여름방학에 햄버거 가게(어디인지는 밝히지 않는 편이 나을 것이다)에서 아르바이트를 했다. 그 식당의 목표는 지속 가능성을 높이고 낭비를 줄이는 것이었다. 그래서 매번 우리가 버린 것을 기록했다(예를 들어 튀김기에 너무 오래 들

어 있던 프렌치프라이, 잘못 만든 햄버거). 한여름이었고 직원이 부족했던 탓인지 내가 이 일을 맡았다. 나는 쓰레기를 줄여 낮은 수치를 유지해야 한다는 압박감을 느꼈다. 그래서 내가 생각해낸 해결책은? 나는 너무 많이 튀긴 프렌치프라이와 잘못 만든 햄버거를 먹고 아무것도 버리지 않았다. 모두 먹어치운 것이다. 다행히 이 업무를 책임진 것은 2주 동안이었다.

미카엘

당신은 공무원들이나 주차 대행업체가 주차 딱지를 발부하는 전반적인 목적은 안전을 확보하고 교통 흐름을 원활하게 유지하며 주차와 관련된 오해를 막기 위한 것이라고 생각할 것이다. 하지만 정작 중심이 되는 유일한 것은 측정하기 쉬운 딱지의 수다. 딱지가 많이 발부될수록 주차 대행업체의 능력은 높은 평가를 받는다.

다시 생각해도 여전히 끔찍하다! 오래전 나는 교차로에서 4.5미터 떨어진 곳에 주차했다는 이유로 주차 딱지를 받은 적이 있다. 딱지는 자정 직후에 발급되었고 그때는 한겨울이었다. 나는 불만을 표출하고 화를 달래기 위해 항의했다. 물론 항의는 받아들여지지 않았다. 마지막으로 고객 서비스 센터의 친절한 직원과 연락이 닿았고, 그녀는 최소 거리가 5미터이긴 하지만 밖이 무척 어두웠기 때문에 정확히 길이 어디에서 시작되는지 가늠하기가 어려웠을 것이라고 이야기해주었다. 주차 단속원은 한밤중에 일해야 했다. 그러나 통화를 이어가면서 그녀는 그해 주차 단속 목표에 조금 못 미쳤기 때문에 공격적으로 단속을 해야 했다는 사실을 인정했다. 그녀는 12월에 차를 주차할 때는 특별히 더 주의하라고 조언해주었다.

헬게

측정, 계수, 해석, 개선

"측정할 수 없는 것은 관리할 수 없다." 경영계의 거물 피터 드러커Peter Drucker가 남긴 유명한 말이다.

기업 등 여러 조직이 수에서 부딪히는 문제는 정량화하기 쉬운 것만 측정하고 거기에만 집중한다는 점이다. 이런 측면에서 공공 부문 역시 영리기업처럼 운영되고, 정량화되고, 측정되어야 한다는 새로운 경영의 물결에 대해, 공공 조직은 영리기업이 아니라는 비판이 쏟아지고 있다. 공공 부문은 고려해야 할 사항이 많고 이해가 얽힌 단체도 많은 복잡한 곳이어서 한 가지 수에만 집중하면 전체 조직 운영에 대한 중요한 자원과 권한을 빼앗기기 쉽다.

조직의 '수와 측정' 문화에 기반이 되는 암묵적인 가정이 세 가지 있다. 첫째, 경험을 기반으로 한 주관적 평가는 표준화된 수와 규칙으로 대체할 수 있으며, 종종 그렇게 해야만 한다. 둘째, 수는 예측 가능성과 투명성을 제공해 조직이 그 목표에 더 원활히 도달할 수 있도록 한다. 셋째, 직원에게 동기를 부여하고 그들을 통제하는 가장 좋은 방법은 성과에 돈이나 평판의 형태를 띤 보상과 처벌을 연결하는 것이다.

앞서 논의했던 문제, 즉 인간의 타고난 결점과 수의 변동성에 관한 문제를 고려하면 이 세 가지 가정이 항상 참인지는 확실치 않다. 수는 개인의 일을 망칠 수 있는 것과 마찬가지로 조직과 기관의 일도 망칠 수 있다. 정량화되고 측정되는 방법이나 결정을 내리는 데 사용되고 해석되는 방식 때문에 말이다.

측정하고 헤아리는 일을 꼭 해야겠다면 재미있고 의욕을 북돋우는 지수를 측정하는 것이 어떨까? 국민총생산Gross National Product, GNP 같은 지루한 수의 예를 들어보자. 대부분의 국가가 국민총생산을 발전과 진보의 지표로 사용한다. 그 대신 전혀 다른 것, 국민총행복Gross National Happiness, GNH 같은 근본적인 것을 측정한다면 어떨까? 산이 많은 젊은 나라 부탄에서는 국가의 상황을 측정하는 척도로 국민총생산 대신 국민총행복을 도입했다. 멋지지 않은가?

하지만 우리는 이미 그런 일을 해보았다. 사람들의 행복을 상당 기간 정기적으로 꾸준히 측정한 것이다. 그리고 우리는 측정할 때마다 행복이 조금씩 감소한다는 것을 발견했다. 망할.

우리 사회는 아직 수와 측정에 관한 일과 진정으로 맞붙어 보지 못했다. 따라서 이 장에서도 백신 몇 가지를 챙겨야겠다.

1 수에 대해 비판적 태도를 취하라. 수는 부정확할 수도, 잘못 해석될 수도 있다.

2 앵커링이라고 불리는 것을 주시하라. 우리 머릿속에 고정되어 결정에 영향을 미치는 수는 사람들에게 더 긴 징역형을 선고하고 집에 더 비싼 값을 치르게 할 수 있다.

3 동기화된 논증과 확증 편향을 유념하라. 모두가 수 그리고 수와의 연결을 자신의 견해, 가치관, 목표에 따라 주관적으로 해석한다.

4 수는 비교와 경쟁으로 이어진다. 다른 사람과 비교해 측정하고 싶은 자신의 생활과 일의 영역에 대해 주의 깊게 생각해보라. 누구 또는 무엇에 자신을 비교하고 있는가에 대해 깊이 생각하라.

5   12월이라면 주차할 때 각별히 조심하라.

여기까지 읽은 당신은 지금쯤 이런 의문을 떠올리고 있지 않은가? "주변 모든 것을 측정하고 정량화하는 것이 정말로 필요한가? 그렇다면 세상을 다시 좀 더 신비하고, 막연하고, 주관적인 곳으로 만들어야 하는 것 아닐까?"

10

수와 당신

NUMBERS AND YOU

예수는 0년에 태어난 것이 아니다. 예수가 태어난 해는 3761년이었다. 시간을 히브리 달력으로 헤아렸기 때문이다. 예수가 태어난 해는 이후 500년 동안 3761년이었다가 로마 주교 디오니시우스 엑시구스Dionysius Exiguus가 예수의 탄생을 시작으로 연도를 계산하기로 결정했다. 하지만 예수가 탄생한 해는 0년이 되지 못했다. 0이 아직 발명되지 않았기 때문이다 (역사가들은 0이 처음으로 등장한 것은 메소포타미아의 경우 예수가 탄생하기 3년 전이었고 마야의 경우 7년 후라고 본다. 하지만 0은 12세기까지 서구 세계에 편입되지 못했다). 우리 달력에는 여전히 0년이 없다. 따라서 −1년[BC(Before Christ, 그리스도 탄생 전) 1년]에서 바로 1년[AD(Anno Domini, 그리스도의 해) 1년]으로 이어진다. 예수는 태어나고 1년 후에야 탄생한 것이 된 셈이다.

그게 나랑 무슨 상관이란 말인가? 당신은 아마도 이런 생각을 할 것이다. 여기에서 우리가 이야기하고 싶은 것은 시간, 즉 인간 존재에서 가장 근본적인 것을 계산하기 위해 수가 발명되었다는 점이다. 당신과 예수의 공통점은 자신의 존재와 관련된 수를 다른 누군가가 만들었다는 것이다. 예수는 처음에는 3761년에 태어났다가 이후에는 1년에 태어난 것이 되었고, 당신은 1900년대 중·후반이나 2000년대 초반에 태어났다. 누가 알겠는가? 500년 후에는 누군가가 당신이 태어난 때와 관련해 완전히 새로운 수를 생각해낼지도 모를 일이다.

우리가 사용하는 모든 수에 같은 원리가 적용된다. 우리 신체, 자아상, 성과, 인간관계, 경험에 영향을 미치는 수들은 '발명된' 것이다. 그들은 우리가 '만든' 통화, 잣대, 진실이다. 수의 일부는 당신 자신이 만든 것이지만 나머지 대부분은 다른 사람들이나 기계가 만든 것이다. 어쨌든 모두가 발명되었다.

당신에게 하고 싶은 조언은 그 사실을 때때로 상기해야 한다는 것이다. 우리는 이 책을 통해 수가 어떻게 우리에게 영향을 미치는지에 관련된 흥미로운 사례와 끔찍한 사례를 다양하게 소개했다. 이런 일들은 대개 우리가 인식하지 못하는 사이에 벌어진다. 우리가 수를 당연하게 받아들이는 탓이다. 우리는 그런 일에 의문을 갖지 않는다. 우리가 곧 우리의 수라고 생각하기 때문이다. 하지만 모든 가상의 것들이 그렇듯이, 수는 현실과 완벽하게 들어맞지 않는다. 수에는 많은 제약이 있다.

수는 영원하지 않다

우선 수는 영원하지 않다. 수는 언제든 변할 수 있다. 시간은 영원히(최소한 우리가 아는 한 우주가 존재해온 약 140억 년 이상) 존재해왔지만, 시간을 나타내는 수는 그동안 변화를 몇 번 거쳤다. 총 4,000년에 달했던 시간은 디오니시우스 엑시구스가 리셋 버튼을 누르고 새로운 시대를 발명하면서 갑자기 (약) 500년으로 줄어들었다. 1,500년 후 천문학자들이 우주(예수가 탄생한 이후의 짧은 기간에 비해 훨씬 더 오랫동안 존재해온)의 연대를 추정하는 방법을 찾으면서 우리는 시간을 수십억 년 앞으로 돌렸다. 아마도 우리는 곧 시간을 나타내는 새로운 수를 생각하게 될 것이다. 2020년 노벨 물리학상을 수상한 로저 펜로즈Roger Penrose는 우리 우주 이전에 또 다른 우주가 있었음이 분명하다고 말했다. 그렇다면 시간 계수는 수십억 년 더 늘어나게 될 것이다(3761년과 기원후 1년의 차이는 갑자기 사소해 보인다). 획기적인 시간의 변화처럼 느껴지지만, 그렇지 않다. 이 모든 해는 언제나 모든 시간의 일부로 존재해왔다. 우리가 그 시간에 대한 새로운 수를 발명했을 뿐이다.

한때는 1년이 10개월에 불과했다(한 해의 마지막 달인 12월 December가 'dec'로 시작하는 것도 그 때문이다. dec는 10이라는 의미의 라틴어 decem에서 유래했다). 로마인이 태양력과 일치시키기 위해 2개의 달을 더했다. 중세 노르웨이와 스웨덴에서는 매해가 하루 더 길었다. 이들 나라는 매년 윤일이 있어 늘 태양력과 맞지 않던 율리우스력(이 자체도 이전의 달력 체계를 개혁한 것)을 18세기부터 4년에 한 번만 윤일이 있는 그레고리력으로 바꾸었다. 이미 훨씬 전부터 달력을 바꾼 다른 나라들과 맞추기 위해, 노르웨이와 스웨덴은 그레고리력으로 바꾸던 해의 2월을 17일로 줄여야 했다.

수는 영원하지 않다는 것을 보여주는 수많은 예가 있다. 스포츠의 세계를 생각해보라. 경기에서 과거 몇 년간 10점 만점을 받은 체조나 피겨스케이팅 영상을 찾아보면 시각적 속임수를 쓰는 것이 아닌가 싶을 정도로 믿기 힘든 연기를 보게 될 것이다. 이후 20세기 전반 올림픽에서 10점을 받은 흑백 영상을 보면 '조금만 연습하면 나도 할 수 있겠는데'라고 생각할 수도 있다. 물론 불가능하겠지만, 요점은 지금의 체조 기술이 훨씬 더 어려워졌다는 것이다. 당시의 10점과 지금의 10점을 비교하는 것은 사과와 배를 비교하는 것, 혹은 기본적으로 같은 기능을 하지만 성능이 너무 달라 비교 자체가 무의미해지는 르봄보 뼈와 컴퓨터를 비교하는 것과 같다.

성과에 대한 이야기가 나왔으니 말인데, 스웨덴은 놀랍게도 1958년 축구 월드컵에서 2위를 차지했다. 하지만 챔피언십을 두고 16개 팀이 겨루는 대회에서 2위를 한 것과 지금처럼 32개 팀이 참가하는 대회(혹은 48개 팀이 참가할 예정인 미래의 대회에서)에서 2위를 하는 것은 같은 일이 아니다. 지난 25년 동안 선수들의 순위를 정하는 방식이 다섯 번이나 바뀐(시간, 대회 수, 시합의 가중치를 고려해) 탓에 다른 시기에 활약한 선수들 간의 순위를 비교하는 것 자체가 불가능한 테니스는 말할 것도 없다.

자신에게 부여하는 수도 영원하지 않다. 인색하고 까다로운 비평가인 당신의 경험을 예로 들어보자. 몇 년 전 당신이 본 영화 혹은 당신이 먹은 식사에 부여한 5점이라는 점수는 지금의 4점에 해당할 수도, 더 나쁜 경우에는 3점에 해당할 수도 있다. '5점'의 경험도 지금은 상당히 다를 수 있다.

수는 보편적이지 않다

자주 상기해야 할 또 다른 내용은 수가 보편적이지 않다는 것이다. 여기에서도 시간을 예로 들 수 있다. 지금 모든 사람의 달력이 2020년대인 것은 아니다. 히브리 달력은 계속해서 이어져 5780년대에 들어섰다. 이슬람 달력은 1440년대이고, 북한의 달력은 그에 훨씬 못 미친다. 북한 달력의 기원은 최근 시작되었고 지금 겨우 110년대다(그들의 시간은 다른 사람들은 알지 못하는, 김일성이 태어난 때부터 시작되기 때문이다). 노르웨이와 스웨덴에서 달력의 변화를 따라잡기 위해 2월이 11일 짧았던 해도 두 나라의 연도가 서로 달랐다. 노르웨이의 경우 1700년이었고 스웨덴은 1753년이었다. 우리는 내내 같은 우주 속 같은 행성에서 살아왔으면서도 그 시간에 대해 전혀 다른 수를 부여하고 있었다.

수가 보편적이지 않다는 또 다른 단서는 다양한 통화의 존재다. 〈이코노미스트〉의 가격은 당신이 있는 곳마다 다르다. 달러 단위가 크로네 단위보다 작기 때문에 당신은 노르웨이나 스웨덴보다는 미국에 있을 때 더 많은 비용을 지불할 마음이 준비되어 있어야 한다. 통장에서 사라지는 돈의 양은 정확히 같더라도, 50크로네가 없어진 것보다는 6달러가 없어진 것이 타격을 덜 준다. 수가 보편적이지 않다는 것을 잊고 본능적으로 6의 가치가 작다고 느끼기 때문이다. 연구자들은 이를 '액면가 효과denomination effect'라고 부른다. 돈(어디에 있든 동일한 가치를 지니는 돈. 다른 나라로 국경을 건넌다는 이유만으로 부유해지거나 가난해지지 않는다)은 우리 머릿속에서 수로 축소되며, 우리는 이 수를 보편적이라고 생각한다. 하지만 사실 당신이 어디 있느냐에 따라 다르다. 그런 이유로 우리는 통화의 단위 수가 작아지면 더 많은 돈을 쓰고 커지면 적게 쓴다(두 경우 모두 가지고 있는 실제 금액이 같더라도).

하지만 미국에서는 북유럽 국가에서보다 그 잡지에 더 많은 비용을 지불하게 될 것이다. 미국의 잡지 영업 사원은 소위 심리적 가격 정책으로(첫째 자릿수에 훨씬 큰 중요성을 부여하는 심리적 나이와 마의 한계에서와 같이) 가격을 5.99달러로 정할 것이기 때문이다. 판매자는 1센트를 낮춰 첫째 자릿수를 6에서 5로 낮춤으로써 사람들이 잡지 가격을 싸다고 느끼게 만든다. 반면 북유럽 국가에서는 가격을 49.5크로네(센트로 헤아릴 때보다 인하 폭이 5배 큰)로 정할 것이다. 〈이코노미스트〉에 대한 실제 연구가 존재하며(당연하게도 경제학 교수들이 진행한 연구), 그 외 콘플레이크 등 많은 다른 상품에 대한 같은 주제의 연구 역시 정확히 동일한 가치여야 함에도 마의 가격 한계 때문에 나라마다 가격이 다르다는 것을 보여주었다.

수가 보편적이지 않다는 세 번째 증거는 당신이 직접 부여하는 수다. 당신은 까다로워지기만 하는 것이 아니라 특정한 수를 선호하는 경향을 띤다. 여성의 경우 호텔 점수를 짝수로 매기는 경향이 약간 강한 반면, 남성의 경우 정확히 같은 경험을 했더라도 똑같은 호텔에 홀수로 점수를 매기는 경향이 더 강하다. 모두가 짝수는 반올림하고 홀수는 끝수를 잘라버리는 경향이 좀 더 강하다. 이는 여성이 더 높은 점수를 주는 이유를 설명해준다.

우리가 부여하는 수에는 문화적 차이도 있다. 아시아인은 유럽인에 비해 짝수를 선택하고, 척도의 양 끝보다 중간에 가까운 값을 선택하는 경향이 더 강하다. 따라서 '아시아인이 준 6점'은 '유럽인이 준 7점'에 해당하며 '아시아인이 준 4점'은 '유럽인이 준 3점'에 해당한다.

수가 항상 정확한 것은 아니다

수가 항상 정확한 것이 아니라는 점을 유념하는 것이 좋다. 수는 항상 무조건 정확하다는 생각은 버려라. 수가 부여되면 그것이 참이 된다고 믿는 사람들의 경향에 대해서도 이미 이야기했다. 아무리 의도가 좋아도 사람은 수를 잘못 계산할 수 있다. 어떤 수를 사용할지, 어떻게 계산할지 생각하는 것은 사람들이기 때문이다.

예수에 대해 하나 더 이야기해보려 한다. 지금까지는 하나에 지나치게 파고드는 내 성향을 자제하려고 노력했지만, 이건 마지막 장이니 조금은 풀어놓아도 되지 않을까 싶다. 나는 예수가 탄생한 지 500년 후에 살았던 디오니시우스가 구글도 뭣도 없는 세상에서 예수가 언제 태어났는지에 대해 어떻게 그렇게 확신했는지 조금 파헤쳐봤다. 그에 대해서는 아무런 정보도 찾지 못했지만, 연구자들은 그의 계산이 틀렸다는 데에 합의하는 것처럼 보였다. 다만 예수가 언제 태어났는지에 대해서는 의견이 엇갈렸다. 역사가들은 예수가 기원전 4~6년에 태어난 것이 틀림없다고 생각한다. 그때가 헤롯이 갓 태어난 남자 아기를 모두 죽이라는 명령을 내린 시기(성경에 따르면 시골의 마구간에서 그들이 놓친 남자 아기, 예수의 탄생과 관련해서 일어난 일이라고 한다)이기 때문이다. 반면 천문학자들은 마구간 위에서 빛나던 베들레헴의 별이 사실 기원전 5년에 베들레헴 상공에서 천천히 움직인 혜성이나 기원전 2년의 금성과 목성이 가깝게 지나간 사건을 가리키며, 따라서 예수는 기원전 5년이나 2년에 태어났을 것이라고 추정한다. 예수는 말 그대로 시대를 앞서갔다. 우리가 기원을 시작하는 수 1(원래는 0이 되어야 하는)은 사실 −5나 −2(혹은 −4나 −6)가 되어야 하는 것이다.

미카엘

사실 우리 대부분은 수를 헤아리는 데 상당히 서툴다. 큰 수일 때는 특히 더 그렇다. 앞서 이야기했듯 우리의 뇌는 일상에서 접하는 정도의 크기와 양을 다루고 비교적 작은 수를 더하는 것이 가능하도록 만들어져 있다. 큰 수와 극히 큰 수는 거의 같아 보이기 때문에 우리는 쉽게 오해를 한다. 아니, 전혀 이해하지 못한다. 1,000,000(백만)초가 13일에 해당한다면, 1,000,000,000(10억)초는 어느 정도의 기간이라고 생각되는가? 아마 10억 초가 31년(정답)이라고는 생각지 못할 것이다. 1,000,000,000,000(1조)초가 31,688년(정답)이라는 것 역시 상상하지 못하고 그보다 훨씬 짧은 기간을 답할 가능성이 높다.

수가 너무 크면 관련짓거나 구분하는 것이 불가능해진다. 사람들이 지나치게 많은 액수의 대출을 받고(20만 달러는 10만 달러보다 그리 크게 느껴지지 않는다), 도박으로 돈을 날리고(10만 달러를 잃는 것은 1만 달러의 10배만큼 심각하게 느껴지지 않는다), 주식에 수십억 달러에 달하는 위험한 투자를 하는(지금까지의 최고

기록은 미국 JP 모건 은행의 재무 관리자가 2012년 90억 달러를 날린 것이다) 이유를 설명해준다.

기계도 일을 망칠 수 있다. 2011년《파리 만들기The Making of a Fly》는 아마존에서 가격이 2,400만 달러까지 치솟아 세계에서 가장 비싼 책이 되었다. 유전학을 다룬 이 책은 며칠 전만 해도 35달러에 팔리던, 사람들이 사려고 달려들 이유가 없는 보통의 책이었다. 이후 두 도서 판매 업체가 동일한 알고리즘을 사용해 경쟁 업체의 도서 가격을 검색한 다음, 같은 책을 1.3배 높은 가격에 제공한(누군가 주문을 하면 경쟁 업체로부터 책을 사서 고객에게 보낸) 것으로 밝혀졌다. 한 판매 업체의 알고리즘이 가격을 1.3배 올리면 다른 업체의 알고리즘이 다시 1.3배를 올리는 식의 대응이 이어진 것이다(가격이 치솟기까지 그리 많은 횟수가 필요하지 않았다).

지난여름 온 가족이 디지털 레이스를 진행했다. GPS가 정확히 10킬로미터 지점의 '결승선'을 지났다고 알릴 때까지 원하는 경로를 뛰는 레이스였다. 우리(10대 딸과 아들, 아내, 나)는 함께 뛰어서 결승선을 동시에 지나기로 결정했다. 많은 사람이 함께 뛰는 '보통'의 레이스에서는 할 수 없는 방식으로 말이다. 하지만 딸과 내가 거의 동시에 결승선이 200미터 남았다는 메시지를 받았을 때, 바로 우리 옆에서 뛰던 아들과 아내는 600미터 남았다는 메시지를 받았다. 누나가 남동생을 1분 이상 차이로 이기고 스타디움을 돌며 '승리의 세리머니'를 펼치는 동안 남동생은 남은 400미터를 달려야 했다. 우리의 스마트폰 모델이 달라서인지, 내 딸의 생각대로 딸아이가 더 '잘' 달려서인지, 다른 어떤 이유에서인지, 우리는 답을 찾지 못했다.

미카엘

수가 항상 정밀한 것은 아니다

이 점을 항상 염두에 두어야 한다. 수는 항상 정밀한 것은 아니다. 소수점 등을 붙이고 있는 수는 대단히 정밀하게 느껴진다. 하지만 소수점 아래의 수는 반올림되는 경우가 많다. 원이나 구와 같은 둥근 것을 계산할 때 쓰이는 원주율, 즉 파이라는 상수를 생각해보자. 모두가 파이는 3.14라고 생각한다. 하지만 파이가 3.14159265…라는 것을 아는 사람들이라면 3.14가 정확하지 않다고 말할 것이다. 조금 엉뚱한 사람들은 그 정도에서 멈추겠지만, 기억력 대회에 나선 사람들은 소수점 뒤 수백, 수천 자리까지 줄줄 이야기할 것이다.

따라서 파이가 3.14라는 것은 참이지만 정밀하지는 않다. 화성을 향하는 로켓의 경로에서라면 몇 킬로미터의 오차가 생기고, 우주의 연대를 측정할 때라면 수십억 년의 오차가 생기는 (정확한 것은 NASA에 문의할 것) 큰 문제일 수 있다.

고등학교 수학 시간에 수의 반올림을 정확히 하지 않아 반 전체가 심하게 혼났던 것이 기억난다. 1991년 가을 노르웨이 스타방에르에서였다. 선생님을 비롯한 지역 전체가 여러 불행한 계산과 반올림 실수 이후 충격을 받은 상황이었다. 계산 실수 때문에 반 친구 하나는 가족과 도시를 떠나야 했다. 그의 아버지는 슬레이프너 A Sleipner A 가스전의 콘트리트 토대와 관련된 계산에서 중요한 역할을 맡고 있었다. 18억 노르웨이 크로네에 달하는 그 토대가 헐거워지면서 피오르 밑으로 가라앉았고, 베르겐 전역에 리히터 지진계로 진도 2.9를 기록할 정도로 큰 충격을 주었다. 그런 일은 흔적을 남기기 마련이다. 신중하고 예민한 수학 교사에게라면 특히 더. 같은 해 걸프전에서 반올림 실수로 28명의 미군이 목숨을 잃고 100명이 부상을 입으면서 상황은 더 악화되었다. 미국의 패트리어트 Patriot 방어 시스템은 소수점 뒷자리를 24번째까지로 줄였다(그리고 반올림을 했다). 정말 사소한 일 같지만 우리의 수학 선생님은 발사된 스커드 SCUD 미사일의 위치를 찾으려 할 때라면 극히 중요한 문제라고 단언하셨다.

나는 소수점 뒷자리를 충분히 적지 않거나 수를 분수로 쓰지 않으면 사람들이 목숨을 잃고 지진이 일어날 수 있다는 것을 배웠다.

헬게

이런 반올림의 사례가 좀 어리둥절하게 느껴진다면(앞에서 논의했듯 인간은 이런 종류의 너무 크거나 작은 수를 이해하는 데 그리 재능이 없다), 좀 더 쉽게 공감할 수 있는 예를 들어보기로 하자. 자신이 만든 수로 말이다. 어떤 영화에 평점 4점을 주었다는 것은 그 영화가 당신이 4점을 준 다른 영화와 정확히 똑같은 수준이었다는 의미가 아니다. 그렇지 않은가? 하지만 당신이 고를 수 있는 척도는 3, 4, 5뿐이기 때문에 영화가 3.5점 정도에 불과하더라도 점수는 4점이 된다(짝수가 더 아름답기 때문에 당신은 반올림을 한다). 실제로는 전혀 다른 느낌의 두 영화, 3과 4나 4와 5만큼이나 다른 영화가 같은 점수를 얻게 되는 것이다!

다른 사람들이 매긴 점수의 평균도 그만큼이나 사실과 동떨어져 있다. 레이트마이프로페서스닷컴에서 점수가 매겨지는 불쌍한 교수에 대해서도 생각해보자. 교수에게 점수를 매기는 학생들의 절반은 3을 선택하고 다른 절반은 5를 선택할 경우 평균 점수는 4점이 된다. 교수는 대다수 학생이 자신을 상당히 좋은 교수로 생각한다고 여기겠지만 사실 절반의 학생은 그가 보통밖에 안 된다고 생각하고, 다른 절반은 그를 몹시 좋아하는(혹은 그와 비슷한) 것이다. 어쩌면 '호불호'가 갈리는(교수보다는 스탠드업 코미디언에게나 적절할 단어지만) 교수라 학생 절반에게는 1점을, 나머지 절반에게는 5점을 받을 수도 있다. 평균 점수인 3점을 본 사람은 그를 평범한 교수 중 하나라고 생각하고 스크롤을 내릴 것이다. 실제로 그런 반응을 이끌어낸 그는 아주 특별한 사람일 텐데도 말이다.

당신이 부여한 점수의 평균을 구할 때도 마찬가지다. 어떤 식당의 평점 4점은 당신이 음식에는 5점을, 서비스에는 4점을, 화장실 청결도에는 3점을 준 결과다. 화장실에 대한 평가를 빠뜨렸거나 화장실에 가지 않았다면 점수는 5점에 가까웠을 것이다. 4점은 당신 경험의 정확한 점수와는 거리가 멀다. 그 점수는 모든 요소를 합한 것이며 유용하지도 않고 식당에 어떤 기대를 해야 하는지 파악하고 싶은 사람을 오도할 수도 있다("모든 게 상당히 괜찮아 보이는군"). 음식을 좋아하는 미식가는 평점이 4점인 것을 보고 식당에 가지 않는 반면, 비위가 약하고 세균을 겁내는 사람은 식당을 찾았다가 화장실에서 기절할지도 모른다.

수는 객관적이지 않다

이렇게 인간이 발명한 수에 대해 우리가 하고자 하는 마지막 이야기에 도달했다. 수는 객관적이지 않다는 것이다.

과일 세 조각은 항상 과일 세 조각이다. 그 수는 객관적이다. 하지만 3이 과일 맛을 나타내는 점수라면, 수는 바로 주관적인 것이 된다. 수가 정확히 같아 보이더라도 말이다(정직하게 말하면 과일의 수를 나타내는 3도 주관적이다. 과일 조각 중 하나가 토마토일 경우 어떤 이는 그것을 씨를 보호하는 껍질이 있으므로 과일로 치고, 어떤 이들은 1893년 미국 대법원의 판결에 따라 채소로 칠 것이기 때문이다).

점수를 매길 때 선택하는 수에는 당신의 주관적인 기호뿐 아니라 당신이 마침 처한 상황이나 분위기와 같은 다른 주관적인 요소도 영향을 미친다. 바닥에서 동전을 발견한 경우 자신의 전망에 더 높은 수를 부여할 것이다(이것에 대한 연구도 존재한다. 사람들이 동전을 많이 사용하고 길에 흘리기도 하던 시절에 이루어진 연구다). 태양이 밝게 빛나면 당신은 자신의 일에 좀 더 높은 점수를 준다(그렇다. 이에 대한 연구도 있다). 당신 나라의 팀이 어제 월드컵에서 우승했다면, 당신은 자신의 재무 상태와 국가의 경제에 대해 더 만족스럽게 생각하고 정부에 더 높은 점수를 줄 가능성이 높다(당신이 독일인이라면, 이에 대한 연구도 있다. 이들 연구의 대부분은 특히 독일에서 많이 이루어졌다). 배가 고프다면 먹고 있는 음식에는 더 높은 점수를 부여하고(예상하기 힘든 일은 아니다), 보고 있는 영화와 사용하는 샴푸, 신고 있는 신발 등에는 낮은 점수를 준다(모두 연구에서 실험한 것이다. 하지만 동시에 이루어지지 않았다는 것은 밝혀두어야겠다).

수는 (어쨌든) 놀랍다

지금까지 우리는 수 유행병을 조금 더 잘 관리할 수 있는 몇 가지 조언에 대해 이야기했다.

우리는 측정, 계산, 비교를 중단하고 수를 근절하는 것이 해법이라고 생각지는 않는다. 이런 현상과 함께 더 현명한 방식으로 살아가는 법을 배워야 한다. 수는 정말 놀라운 것이기 때문이다. 여태 우리는 수과 관련된 다양한 피해와 위험에 초점을 맞춰왔지만, 도입부에서 말했듯 여전히 수를 사랑한다. 수는 여러 면에서 우리 문명의 토양이다. 수메르에서 로마, 마야에 이르기까지 모든 위대한 문명은 고유의 수체계를 발전시켰고, 그 수체계에 의해 발전했다. 오늘날 우리는 공통의 수체계에 의해 통합된 세계적인 문명을 보유하고 있다. 전 세계에 수천 개의 다른 언어가 있지만, 우리는 모두 같은 수를 사용한다 (우리는 수를 이해하는 방법만 배우면 된다).

수 덕분에 우리는 병에 땅콩이 5개 이상 들어 있는지 파악할 수 있고, 곡물 더미를 원하는 만큼씩으로 나눌 수 있다. 우리는 무엇이 되었든 보존하고, 계획하고, 거래에 참여하고, 공유할 수 있다. 수가 없다면 우리는 시간도, 우주도 이해할(할 수 있는 한) 능력을 갖추지 못했을 것이다. 학자들의 말대로라면, 수 덕분에 인류는 금세기 말이 되기 전에 새로운 세상을 모색하게 될 것이다.

수는 기본적으로 우리가 하는 모든 일에 도움을 준다. 이 점을 기억하는 것이 중요하다. 수는 우리를 돕기 위해 존재한다.

애초에 우리가 수를 발명한 것도 그 때문이다. 우리의 성과, 인간관계, 경험에 스며들어 우리의 자아상은 물론 몸에도 영향을 주는 이 모든 수는 '발명'된 것이기 때문이다. 수는 누군가가, 어느 시점엔가, 그것이 당신이 하는 모든 일에서 당신을 더 편하게 만들어줄 것이라고 생각했기 때문에 존재한다. 하지만 수가 유용하려면 사실 수가 영원하지 않고, 때로 변화하며, 다른 의미를 지닌다는 점을 유념하고 있어야만 한다. 수를 장기간에 걸친 비교나 미래에 대한 잣대로 사용해서는 안 된다(같은 수도 시간이 흐르면서 관련성을 잃을 수 있다). 수가 보편적이지 않다는 것을 기억하고 모든 것을, 그리고 당신을 다른 사람과 비교하는 일을 멈춰야 한다. 수를 맹목적으로 믿어서는 안 된다. 수는 항상 정확하고 정밀한 것이 아니기 때문이다. 당신 삶의 대단히 많은 수가 당신 자신이 발명해낸 것임을 절대 잊지 마라.

수를 사용하고 있다는 것조차 잊을 때가 있다. 당신이 묵었던 멋진 호텔에 대해 점수를 매기는 대신 친구들에게 직접 이야기를 들려주어라. 식당에 갈 때는 인스타그램 친구들이 좋다고 평가했는지 확인하지 마라. 체질량 지수와 체중계의 수에 사로잡히지 말고 거울을 보라. 성관계를 할 때는 시계를 보지 마라.

그리고 기억하라.

1 수는 영원하지 않다. 장기간에 걸친 수를 비교할 때는 주의를 기울이고 그들의 의미가 달라진다는 사실을 받아들여라.

2 수는 보편적이지 않다. 똑같아 보이더라도 다른 것을 의미할 수 있고 나라, 문화, 사람마다 다른 가치를 지닐 수 있다.

3 수가 항상 정확한 것은 아님을 명심하라. 사람과 기계 모두 의식적으로 혹은 의식하지 못하는 사이에 부정확한 계산을 할 수 있다.

4 수가 정밀하다는 것이 그 수가 정확하다는 의미는 아니다. 대부분의 수에서는 어떤 식으로든 반올림이나 버림이 이루어진다. 수가 부정확하게 당신의 사고를 제한하지 않도록 주의를 기울여라.

5 가장 중요한 것은 아마 이 점일 것이다. 수는 어떤 의미에서는 거의 항상 주관적이다. 수(그리고 당신!)는 당신이 만들어가는 것이다. 수를 사용할 때는 항상 조심하고 자신의 판단에 의지하라.

들어가며

Becker, J. (2018, November 27), Why we buy more than we need, *Forbes*. www.forbes.com/sites/joshuabecker/2018/11/27/why-we-buy-more-than-we-need/?sh=4ad820836417.

Ford, E. S., Cunningham, T. J. & Croft, J. B. (2015), Trends in self-reported sleep duration among US adults from 1985 to 2012, *SLEEP, 38*(5), 829–832.

Larsen, T. & Røyrvik, E. A. (2017), *Trangen til å telle: Objektivering, måling og standardisering som samfunnspraksis,* Oslo: Scandinavian Academic Press.

Mau, S. (2019), *The metric society: On the quantification of the social,* Medford, MA: Polity Press.

Muller, J. Z. (2018), *The tyranny of metrics,* Princeton, NJ: Princeton University Press.

Nurmilaakso, T. (2017), Prisma Studio: Pärjääkö ihminen muutaman tunnin yöunilla? *Yle, TV1.* https://yle.fi/aihe/artikkeli/2017/01/31/prisma-studio-parjaako-ihminen-muutaman-tunnin-younilla.

OECD (2009), *Society at a glance 2009: OECD social indicators,* Paris: OECD Publishing.

Seife, C. (2010), *Proofiness: How you're being fooled by the numbers,* New York: Penguin Books.

SVT (2018, November 12), Stark trend—svenskar byter jobb som aldrig förr, *SVT Nyheter,* www.svt.se/nyheter/lokalt/vasterbotten/vi_byter-jobballt-oftare.

SVT (2018, July 3), Ungdomar sover för lite, *SVT Nyheter,* www.svt.se/ nyheter/lokalt/vast/somnbrist.

US Bureau of Labor Statistics. (2021, August 31), Number of jobs, labor market experience, and earnings growth: Results from a national longitudinal survey. *BLS,* www.bls.gov/news.release/nlsoy.htm.

1장 수의 역사

Bellos, A. (2014, April 8), "Seven" triumphs in poll to discover world's favorite number. Alex Bellos's Adventures in Numberland, *The Guardian.* www.theguardian.com/science/alexs-adventures_in_ numberland/2014/apr/08/seven-worlds-favourite-number-online-survey.

Boissoneault, L. (2017, March 13), How humans invented numbers — and how numbers reshaped our world. *Smithsonian Magazine,* www .smithsonianmag.com/innovation/how-humans-invented-numbersand-how-numbers-reshaped-our-world-180962485.

Dr. Y (2019, May 17), The Lebombo bone: The oldest mathematical artifact in the world, *African Heritage,* https://afrolegends.com/2019/05/17/ the-lebombo-bone-the-oldest-mathematical-artifact_in-the-world.

Everett, C. (2019), *Numbers and the making of us: Counting and the course of human cultures,* Cambridge, MA: Harvard University Press.

Facts and Details (2018), Pythagoreans: Their strange beliefs, Pythagoras, music and math, *Facts and Details,* https://factsanddetails.com/world/ cat56/sub401/entry-6206.html.

Hopper, V. F. (1969), *Medieval number symbolism: Its sources, meaning, and influence on thought and expression,* New York: Cooper Square Publishers.

Huffman, C. (2019, July 31), Pythagoreanism, *Stanford Encyclopedia of Philosophy,* https://plato.stanford.edu/entries/pythagoreanism.

Knott, R. (n.d.), Fibonacci numbers and nature, *Dr. Knott's Web Pages on Mathematics,* www.maths.surrey.ac.uk/hosted-sites/R.Knott/Fibonacci/ fibnat.html.

Larsen, T. & Røyrvik, E. A. (2017), *Trangen til å telle: Objektivering, måling og standardisering som samfunnspraksis,* Oslo: Scandinavian Academic

Press.

Livio, M. (2002), *The golden ratio: The story of phi, the world's most astonishing number,* New York: Broadway Books.

McCants, G. (2005), *Glynis has your number: Discover what life has in store for you through the power of numerology!,* New York: Hachette Books.

Merkin, D. (2008, April 13), In search of the skeptical, hopeful, mystical Jew that could be me, *New York Times Magazine,* www.nytimes.com/2008/04/13/magazine/13kabbalah-t.html.

Muller, J. Z. (2018), *The tyranny of metrics,* Princeton, NJ: Princeton University Press.

Norman, J. M. (n.d.), The Lebombo bone, oldest known mathematical artifact, *Historyofinformation.com,* www.historyofinformation.com/detail.php?entryid=2338.

Osborn, D. (n.d.). The history of numbers, *Vedic Science,* https://vedicsciences.net/articles/history-of-numbers.html.

Pegis, R. J. (1967), Numerology and probability in Dante, *Mediaeval Studies,* 29, 370–373.

Schimmel, A. (1993), *The mystery of numbers,* New York: Oxford University Press.

Seife, C. (2010), *Proofiness: How you're being fooled by the numbers,* New York: Penguin Books.

Thimbleby, H. (2011), Interactive numbers: A grand challenge, *In Proceedings of the IADIS International Conference on Interfaces and Human Computer Interaction 2011.*

Thimbleby, H. & Cairns, P. (2017), Interactive numerals, *Royal Society Open Science,* 4(4). https://doi.org/10.1098/rsos.160903.

Wilkie, J. E. & Bodenhausen, G. (2012), Are numbers gendered?, *Journal of Experimental Psychology: General, 141(2),* https://doi.org/10.1037/a0024875.

2장 수와 신체

Andres, M., Davare, M., Pesenti, M., Olivier, E. & Seron, X. (2004), Number magnitude and grip aperture interaction, *Neuroreport,* 15(18), 2773–2777.

Cantlon, J. F., Brannon, E. M., Carter, E. J. & Pelphrey, K. A. (2006), Functional imaging of numerical processing in adults and 4-y-old children, *PLoS Biol, 4*(5).

Cantlon, J. F., Merritt, D. J. & Brannon, E. M. (2016), Monkeys display classic signatures of human symbolic arithmetic, *Animal Cognition, 19*(2), 405–415.

Chang, E. S., Kannoth, S., Levy, S., Wang, S. Y., Lee, J. E., et al. (2020), Global reach of ageism on older persons' health: A systematic review, *PLoS ONE, 15*(1). https://doi.org/10.1371/journal.pone.0220857.

Dehaene, S. & Changeux, J. P. (1993), Development of elementary numerical abilities: A neuronal model, *Journal of Cognitive Neuroscience, 5*(4), 390–407.

Dehaene, S., Piazza, M., Pinel, P. & Cohen, L. (2003), Three parietal circuits for number processing, *Cognitive Neuropsychology, 20*(3–6), 487–506.

DeMarree, K. G., Wheeler, S. C. & Petty, R. E. (2005), Priming a new identity: Self-monitoring moderates the effects of nonself primes on self-judgments and behavior, *Journal of Personality and Social Psychology, 89*(5), 657–671.

Fischer, M. H. (2012), A hierarchical view of grounded, embodied, and situated numerical cognition, *Cognitive Processing, 13*, 161–164.

Fischer, M. H. & Brugger, P. (2011), When digits help digits: Spatial-numerical associations point to finger counting as prime example of embodied cognition, *Frontiers in Psychology, 2*, https://doi.org/10.3389/fpsyg.2011.00260.

Gordon, P. (2004), Numerical cognition without words: Evidence from Amazonia, *Science, 306*(5695), 496–499.

Grade, S., Badets, A. & Pesenti, M. (2017), Influence of finger and mouth action observation on random number generation: An instance of embodied cognition for abstract concepts, *Psychological Research, 81*(3), 538–548.

Hauser, M. D., Tsao, F., Garcia, P. & Spelke, E. S. (2003), Evolutionary foundations of number: Spontaneous representation of numerical magnitudes by cotton-top tamarins, *Proceedings of the Royal Society of London. Series B: Biological Sciences, 270*(1523), 1441–1446.

Hubbard, E. M., Piazza, M., Pinel, P. & Dehaene, S. (2005), Interactions between number and space in parietal cortex, *Nature Reviews Neuroscience, 6*, 435–448.

Hyde, D. C. & Spelke, E. S. (2009), All numbers are not equal: An electrophysiological investigation of small and large number representations, *Journal of Cognitive Neuroscience, 21*(6), 1039–1053.

Kadosh, R. C., Lammertyn, J. & Izard, V. (2008), Are numbers special? An overview of chronometric, neuroimaging, developmental and comparative studies of magnitude representation, *Progress in Neurobiology, 84*(2), 132–147.

Lachmair, M., Ruiz Fernàndez, S., Moeller, K., Nuerk, H. C. & Kaup, B. (2018), Magnitude or multitude—what counts?, *Frontiers in Psychology, 9*, 59–65.

Luebbers, P. E., Buckingham, G. & Butler, M. S. (2017), The National Football League–225 bench press test and the size-weight illusion, *Perceptual and Motor Skills, 124*(3), 634–648.

Moeller, K., Fischer, U., Link, T., Wasner, M., Huber, S., et al. (2012), Learning and development of embodied numerosity, *Cognitive Processing, 13*(1), 271–274.

Nikolova, V. (2021, August 6), Why you are 12% more likely to run a marathon at a milestone age?, *Runrepeat*. https://runrepeat.com/12-percent-more-likely-to-run-a-marathon-at-a-milestone-age.

Notthoff, N., Drewelies, J., Kazanecka, P., Steinhagen-Thiessen, E., Norman, K., et al. (2018), Feeling older, walking slower—but only if someone's watching. Subjective age is associated with walking speed in the laboratory, but not in real life, *European Journal of Ageing, 15*(4), 425–433.

Pica, P., Lemer, C., Izard, V. & Dehaene, S. (2004), Exact and approximate arithmetic in an Amazonian indigene group, *Science, 306*(5695), 499–503.

Reinhard, R., Shah, K. G., Faust-Christmann, C. A. & Lachmann, T. (2020), Acting your avatar's age: Effects of virtual reality avatar embodiment on real life walking speed, *Media Psychology, 23*(2), 293–315.

Robson, D. (2018, July 19), The age you feel means more than your actual birthdate, *BBC*, www.bbc.com/future/article/20180712-the-age-you-feel-means-more-than-your-actual-birthdate.

Schwarz, W. & Keus, I. M. (2004), Moving the eyes along the mental number line: Comparing SNARC effects with saccadic and manual responses, *Perception & Psychophysics, 66*(4), 651–664.

Shaki, S. & Fischer, M. H. (2014), Random walks on the mental number line, *Experimental Brain Research, 232*(1), 43–49.

Studenski, S., Perera, S., Patel, K., Rosano, C., Faulkner, K., et al. (2011), Gait speed and survival in older adults, *Journal of the American Medical Association, 305*(1), 50–58.

Westerhof, G. J., Miche, M., Brothers, A. F., Barrett, A. E., Diehl, M., et al. (2014), The influence of subjective aging on health and longevity: A meta-analysis of longitudinal data, *Psychology and Aging, 29*(4), 793–802.

Winter, B., Matlock, T., Shaki, S. & Fischer, M. H. (2015), Mental number space in three dimensions, *Neuroscience & Biobehavioral Reviews, 57,* 209–219.

Yoo, S. C., Peña, J. F. & Drumwright, M. E. (2015), Virtual shopping and unconscious persuasion: The priming effects of avatar age and consumers' age discrimination on purchasing and prosocial behaviors, *Computers in Human Behavior, 48*, 62–71.

3장 수와 자아상

APS (2016, May 31). Social media "likes" impact teens' brains and behavior, *Association for Psychological Science*, www.psychologicalscience.org/news/releases/social-media-likes-impact-teens-brains-and-behavior.html.

Burrow, A. L. & Rainone, N. (2017), How many likes did I get? Purpose moderates links between positive social media feedback and self-esteem, *Journal of Experimental Social Psychology, 69*, 232–236.

Burrows, T. (2020, January 9), Social media obsessed teen who "killed herself" thought she "wasn't good enough unless she was getting likes", *The Sun,* www.thesun.co.uk/news/10705211/social-media-obsessed-death-durham-sister-tribute.

Carey-Simos, G. (2015, August 19), How much data is generated every minute on social media?, *WeRSM,* https://wersm.com/how-much-data-is-generated-every-minute-on-social-media.

DNA (2020, April 20), Not able to get enough "likes" on TikTok, Noida teenager commits suicide, *DNA India,* www.dnaindia.com/india/report-not-able-to-get-enough-likes-on-tiktok-noida-teenager-commits-suicide-2821825.

Fitzgerald, M. (2019, July 18), Instagram starts test to hide number of likes posts receive for users in 7 countries, *TIME,* https://time.com/5629705/instagram-removing-likes-test.

Fliessbach, K., Weber, B., Trautner, P., Dohmen, T., Sunde, U., et al. (2007), Social comparison affects reward-related brain activity in the human ventral striatum, *Science, 318*(5894), 1305–1308.

Gaynor, G. K. (2019), Instagram removing "likes" to "depressurize" youth, some aren't buying it, *Fox News.* www.foxnews.com/lifestyle/instagram-removing-likes.

Jiang, Y., Chen, Z. & Wyer, R. S. (2014), Impact of money on emotional expression, *Journal of Experimental Social Psychology, 55,* 228–233.

Medvec V. H., Madey S. F. & Gilovich T. (October 1995), When less is more: Counterfactual thinking and satisfaction among Olympic medalists, *Journal Personality and Social Psychology, 69*(4), 603–610.

Mirror Now News (2020, April 17), Noida: Depressed over not getting enough "likes" on TikTok, youngster commits suicide, *Mirror Now Digital,* www.timesnownews.com/mirror-now/crime/article/noida-depressed-over-not-getting-enough-likes-on-tiktok-youngster-commits-suicide/579483.

Reutner, L., Hansen, J. & Greifeneder, R. (2015), The cold heart: Reminders of money cause feelings of physical coldness, *Social Psychological and Personality Science, 6*(5), 490–495.

Sherman, L. E., Payton, A. A., Hernandez, L. M., Greenfield, P. M. & Dapretto, M. (2016), The power of the Like in adolescence: Effects of peer influence on neural and behavioral responses to social media, *Psychological Science, 27*(7), 1027–1035.

Smith, K. (2019, June 1), 53 incredible Facebook statistics and facts,

Brandwatch, www.brandwatch.com/blog/facebook-statistics.

Squires, A. (n.d.), Social media, self-esteem, and teen suicide, *PPC*, https://blog.pcc.com/social-media-self-esteem-and-teen-suicide.

Solnick, S. & Hemenway, D. (1998), Is more always better? A survey on positional concerns, *Journal of Economic Behavior & Organization*, 37(3), 373–383. https://doi.org/10.1016/S0167-2681(98)00089-4.

Vogel, E. A., Rose, J. P., Roberts, L. R. & Eckles, K. (2014), Social comparison, social media, and self-esteem, *Psychology of Popular Media Culture*, 3(4), 206–222.

Vohs, K. D. (2015), Money priming can change people's thoughts, feelings, motivations, and behaviors: An update on 10 years of experiments, *Journal of Experimental Psychology: General*, 144(4), e86–e93.

Vohs, K. D., Mead, N. L. & Goode, M. R. (2006), The psychological consequences of money, *Science*, 314(5802), 1154–1156.

Wang, S. (2019, April 30), Instagram tests removing number of "likes" on photos and videos, *Bloomberg*, www.bloomberg.com/news/articles/2019-04-30/instagram-tests-removing-number-of-likes-on-photos-and-videos.

Zaleskiewicz, T., Gasiorowska, A., Kesebir, P., Luszczynska, A. & Pyszczynski, T. (2013), Money and the fear of death: The symbolic power of money as an existential anxiety buffer, *Journal of Economic Psychology*, 36, 55–67.

4장 수와 성과

Ajana, B. (2018), *Metric culture: Ontologies of self-tracking practices*, Bingley, UK: Emerald Publishing.

The Economist (2019, September 12), Hugo Campos has waged a decade-long battle for access to his heart implant. Technology Quarterly, *The Economist*, www.economist.com/technology-quarterly/2019/09/12/hugo-campos-has-waged-a-decade-long-battle-for-access-to-his-heart-implant.

Farr, C. (2015, March 17), How Tim Ferriss has turned his body into a research lab, *KQED*, www.kqed.org/futureofyou/407/how-tim-ferriss-has-turned-his-body-into-a-research-lab.

Hill, K. (2011, April 7), Adventures in self-surveillance, aka the quantified self, aka extreme navel-gazing, *Forbes,* www.forbes.com/sites/kashmirhill/2011/04/07/adventures-in-self-surveillance-aka-the-quantified-self-aka-extreme-navel-gazing/#5102dac76773.

Kuvaas, B., Buch, R. & Dysvik, A. (2020), Individual variable pay for performance, controlling effects, and intrinsic motivation, *Motivation and Emotion, 44,* 525–533.

Larsen, T. & Røyrvik, E. A. (2017), *Trangen til å telle. Objektivering, måling og standardisering som samfunnspraksis,* Oslo: Scandinavian Academic Press.

Lee, A. (2020, August 9), What is China's social credit system and why is it controversial?, *South China Morning Post,* www.scmp.com/economy/china-economy/article/3096090/what-chinas-social-credit-system-and-why-it-controversial.

Lupton, D. (2016), *The quantified self,* Malden, MA: Polity Press.

Moschel, M. (2018, August 8), The beginner's guide to quantified self (plus, a list of the best personal data tools out there), *Technori,* https://technori.com/2018/08/4281-the-beginners-guide-to-quantified-self-plus-a-list-of-the-best-personal-data-tools-out-there/markmoschel.

Nafus, D. (Ed.). (2016), *Quantified: Biosensing technologies in everyday life,* Cambridge, MA: MIT Press.

Neff, G. & Nafus, D. (2016), *Self-tracking,* Cambridge, MA: MIT Press.

Quantified Self (2018, April 28). Hugo Campos: 10 years with an implantable cardiac device and "almost" no data access, *Quantified Self Public Health,* https://medium.com/quantified-self-public-health/hugo-campos-10-years-with-an-implantable-cardiac-device-and-almost-no-data-access-71018b39b938.

Ramirez, E. (2015, February 4), My device, my body, my data, *Quantified Self Public Health,* https://quantifiedself.com/blog/my-device-my-body-my-data-hugo-campos.

Satariano, A. (2020, August 4), Google faces European inquiry into Fitbit acquisition, *New York Times,* www.nytimes.com/2020/08/04/business/google-fitbit-europe.html.

Selke, S. (Ed.). (2016), *Lifelogging: Digital self-tracking and lifelogging—*

between disruptive technology and cultural transformation, Wiesbaden: Springer VS.

Stanford Medicine X (n.d.), Hugo Campos, *Stanford Medicine X,* https://medicinex.stanford.edu/citizen-campos.

5장 수와 경험

Dijkers, M. (2010), Comparing quantification of pain severity by verbal rating and numeric rating scales, *Journal of Spinal Cord Medicine, 33*(3), 232-242.

Erskine, R. (2018, May 15), You just got attacked by fake 1-star reviews. Now what?, *Forbes,* www.forbes.com/sites/ryanerskine/2018/05/15/you-just-got-attacked-by-fake-1-star-reviews-now-what/#5c0b23cc1071.

Hoch, S. J. (2002), Product experience is seductive, *Journal of Consumer Research, 29*(3), 448-454.

Liptak, A. (2018, February 2), Facebook strikes back against the group sabotaging Black Panther's Rotten Tomatoes rating, *The Verge,* www.theverge.com/2018/2/2/16964312/facebook-black-panther-rotten-tomatoes-last-jedi-review-bomb.

Rockledge, M. D., Rucker, D. D. & Nordgren, L. F. (2021, April 8), Mass-scale emotionality reveals human behaviour and marketplace success, *Nature Human Behaviour, 5,* 1323-1329.

Williamson, A. & Hoggart, B. (2005), Pain: A review of three commonly used pain rating scales, *Journal of Clinical Nursing, 14*(7), 798-804.

6장 수와 인간관계

American Psychological Association (APA) (2016, August 4), Tinder: Swiping self esteem?, *APA,* www.apa.org/news/press/releases/2016/08/tinder-self-esteem.

Danaher, J., Nyholm, S. & Earp, B. D. (2018), The quantified relationship, *American Journal of Bioethics, 18*(2), 3-19.

Eurostat (2018, July 6), Rising proportion of single person households in the EU. *Eurostat.* https://ec.europa.eu/eurostat/web/products-eurostat-news/-/ddn-20180706-1.

Ortiz-Ospina, E. & Roser, M. (2016), Trust, *Our World in Data,* https://

ourworldindata.org/trust.

Strubel, J. & Petrie, T. A. (2017), Love me Tinder: Body image and psychosocial functioning among men and women, *Body Image, 21*, 34–38.

Timmermans, E., De Caluwé, E. & Alexopoulos, C. (2018), Why are you cheating on Tinder? Exploring users' motives and (dark) personality traits, *Computers in Human Behavior, 89*, 129–139.

Waldinger, M. D., Quinn, P., Dilleen, M., Mundayat, R., Schweitzer, D. H., et al. (2005), A mutinational population survey of intravaginal ejaculation latency time, *Journal of Sexual Medicine, 2*(4), 492–497.

Ward, J. (2017), What are you doing on Tinder? Impression management on a matchmaking mobile app, I*nformation, Communication & Society, 20*(11), 1644–1659.

Wellings, K., Palmer, M. J., Machiyama, K. & Slaymaker, E. (2019), Changes in, and factors associated with, frequency of sex in Britain: Evidence from three national surveys of sexual attitudes and lifestyles (Natsal), *British Medical Journal, 365*(8198).

World Values Survey (WVS) (n.d.), Online data analysis, *WVS,* www. worldvaluessurvey.org/WVSOnline.jsp.

7장 수와 통화

Barlyn, S. (2018, September 19), Strap on the Fitbit: John Hancock to sell only interactive life insurance, *Reuters,* www.reuters.com/article/us-manulife-financi-john-hancock-lifeins-idUSKCN1LZ1WL.

BBC News (2018, September 20), John Hancock adds fitness tracking to all policies, *BBC News,* www.bbc.com/news/technology-45590293.

Blauw, S. (2020), T*he number bias: How numbers lead and mislead us,* London: Hodder & Stoughton.

Brown, A. (2020, August 6), TikTok's 7 highest-earning stars: New Forbes list led by teen queens Addison Rae and Charli D'Amelio, *Forbes,* www. forbes.com/sites/abrambrown/2020/08/06/tiktoks-highest-earning-stars-teen-queens-addison-rae-and-charli-damelio-rule/?sh=2e41abf75087.

The Ezra Klein Show (2022, February 25), Transcript: Ezra Klein interviews C. Thi Nguyen, *New York Times,* www.nytimes.com/2022/02/25/

podcasts/transcript-ezra-klein-interviews-c-thi-nguyen.html.

Frazier, L. (2020, August 10), 5 ways people can make serious money on TikTok, *Forbes,* www.forbes.com/sites/lizfrazierpeck/2020/08/10/5-ways-people-can-make-serious-money-on-tiktok/?sh=19aea 32a5afc.

Meyer, R. (2015, September 25), Could a bank deny your loan based on your Facebook friends?, *The Atlantic,* www.theatlantic.com/technology/archive/2015/09/facebooks-new-patent-and-digital-redlining/407287.

Nguyen, C. Thi (2020), *Games: Agency as Art,* New York: Oxford University Press.

Nødtvedt, K. B., Sjåtad, H., Skard, S. R., Thorbjørnsen, H. & Van Bavel, J. J. (2021, April 29), Racial bias in the sharing economy and the role of trust and self-congruence, *Journal of Experimental Psychology: Applied, 27(3),* 508–528.

Wang, L., Zhong, C. B. & Murnighan, J. K. (2014), The social and ethical consequences of a calculative mindset, *Organizational Behavior and Human Decision Processes, 125*(1), 39–49.

8장 수와 진실

Bhatia, S., Walasek, L., Slovic, P. & Kunreuther, H. (2021), The more who die, the less we care: Evidence from natural language analysis of online news articles and social media posts, *Risk Analysis, 41*(1), 179–203.

Henke, J., Leissner, L. & Möhring, W. (2020), How can journalists promote news credibility? Effects of evidences on trust and credibility, *Journalism Practice, 14*(3), 299–318.

Koetsenruijter, A. W. M. (2011), Using numbers in news increases story credibility, *Newspaper Research Journal, 32*(2), 74–82.

Lindsey, L. L. M. & Yun, K. A. (2003), Examining the persuasive effect of statistical messages: A test of mediating relationships, *Communication Studies, 54*(3), 306–321.

Luo, M., Hancock, J. T. & Markowitz, D. M. (2020), Credibility perceptions and detection accuracy of fake news headlines on social media: Effects of truth-bias and endorsement cues, *Communication Research, 49*(2), 171–195.

Luppe, M. R. & Lopes Fávero, L. P. (2012), Anchoring heuristic and the estimation of accounting and financial indicators, *International Journal of Finance and Accounting, 1*(5), 120–130.

Peter, L. (2022, May 1), How Ukraine's "Ghost of Kyiv" Legendary Pilot was born, *BBC News*. https://www.bbc.com/news/world-europe-61285833.

Plous, S. (1989), Thinking the unthinkable: The effects of anchoring on likelihood estimates of nuclear war, *Journal of Applied Social Psychology, 19*(1), 67–91.

Seife, C. (2010), *Proofiness: How you're being fooled by the numbers*, New York: Penguin books.

Slovic, S. & Slovic, P. (2015), *Numbers and nerves: Information, emotion, and meaning in a world of data,* Corvallis: Oregon State University Press.

Tomm, B. M., Slovic, P. & Zhao, J. (2019), The number of visible victims shapes visual attention and compassion, *Journal of Vision, 19*(10), 105.

Van Brugen, I. (2022, February 25), Who is the Ghost of Kyiv? Ukraine MiG-29 Fighter Pilot Becomes the Stuff of Legend, *Newsweek,* https://www.newsweek.com/who-ghost-kyiv-ukraine-fighter-pilot-mig-29-russian-fighter-jets-combat-1682651.

Yamagishi, K. (1997), Upward versus downward anchoring in frequency judgments of social facts, *Japanese Psychological Research*, 39(2), 124–129.

Ye, Z., Heldmann, M., Slovic, P. & Münte, T. F. (2020), Brain imaging evidence for why we are numbed by numbers, *Scientific Reports, 10*(1). www.nature.com/articles/s41598-020-66234-z.

9장 수와 사회

Alexander, M. & Fisher, T. (2003), Truth and consequences: Using the bogus pipeline to examine sex differences in self-reported sexuality, *Journal of Sex Research, 40*(1), 27–35. https://doi.org/10.1080/00224490309552164.

Ariely, D., Loewenstein G. & Prelec, D. (2003), "Coherent arbitrariness": Stable demand curves without stable preferences, *Quarterly Journal of Economics, 118*(1), 73–105.

Bevan, G. & Hood, C. (2006): What's measured is what matters: Targets and gaming in the English public health system, *Public Administration*

84(3).

Blauw, S. (2020), *The number bias: How numbers lead and mislead us,* London: Hodder & Stoughton.

Brennan, L., Watson, M., Klaber, R. & Charles, T. (2012), The importance of knowing context of hospital episode statistics when reconfiguring the NHS, *British Medical Journal, 344,* e2432. https://doi.org/10.1136/bmj. e2432.

Campbell, S. D. & Sharpe, S. A. (2009), Anchoring bias in consensus forecasts and its effect on market prices, *Journal of Financial and Quantitative Analysis, 44*(2), 369–390.

Chan, A. (2013, May 30), 1998 study linking autism to vaccines was an "elaborate fraud", *Live Science,* www.livescience.com/35341-mmr-vaccine-linked-autism-study-was-elaborate-fraud.html.

Chatterjee, P. & Joynt, K. E. (2014), Do cardiology quality measures actually improve patient outcomes?, *Journal of the American Heart Association,* February. https://doi.org/10.1161/JAHA.113.000404.

Dunn, T. (2016, August 10), 11 ridiculous future predictions from the 1900 World's Fair—and 3 that came true, *Upworthy,* www.upworthy.com/11-ridiculous-future-predictions-from-the-1900-worlds-fair-and-3-that-came-true.

Financial Times (2016, April 14), How politicians poisoned statistics, *Financial Times,* www.ft.com/content/2e43b3e8-01c7-11e6-ac98-3c15a1aa2e62.

Fliessbach, K., Weber, B., Trautner, P., Dohmen, T., Sunde, U., et al. (2007), Social comparison affects reward-related brain activity in the human ventral striatum, *Science,* 318(5854), 1305–1308.

Furnham, A. & Boo, H. C. (2011), A literature review of the anchoring effect, *Journal of Socio-economics, 40*(1), 35–42.

Gwiazda, J., Ong, E., Held, R. & Thorn F. (2000), Myopia and ambient night-time lighting, *Nature, 404,* 144.

Hans, V. P., Helm, R. K. & Reyna, V. F. (2018), From meaning to money: Translating injury into dollars, *Law and Human Behavior, 42*(2), 95–109.

Hviid, A., Hansen, J. V., Frisch, M. & Melbye, M. (2019), Measles, mumps, rubella vaccination and autism: A nationwide cohort study, *Annals of Internal Medicine, 170*(8), 513–520.

Johnson, E. & Goldstein, D. (2003), Do defaults save lives?, *Science, 302*(5649), 1338–1339. https://doi.org/10.1126/science.1091721.

Kahan, D. M., Peters, E., Cantrell Dawson, E. & Slovic, P. (2017), Motivated numeracy and enlightened self-government, *Behavioural Public Policy, 1*(1), 54–86.

King, A. (2016, November 12), Poll expert eats bug after being wrong about Trump, *CNN Politics*, https://edition.cnn.com/2016/11/12/politics/pollster-eats-bug-after-donald-trump-win/index.html.

Lalot, F., Quiamzade, A. & Falomir-Pichastor, J. M. (2019), How many migrants are people willing to welcome into their country? The effect of numerical anchoring on migrant acceptance, *Journal of Applied Social Psychology, 49*(6), 361–371.

Larsen, T. & Røyrvik, E. A. (2017), *Trangen til å telle. Objektivering, måling og standardisering som samfunnspraksis,* Oslo: Scandinavian Academic Press.

Lee, S. (2018, February 25), Here's how Cornell scientist Brian Wansink turned shoddy data into viral studies about how we eat, *Buzzfeed News*, www.buzzfeednews.com/article/stephaniemlee/brian-wansink-cornell-p-hacking.

Mau, S. (2019), *The metric society: On the quantification of the social,* Medford, MA: Polity Press.

Muller, J. Z. (2018), *The tyranny of metrics,* Princeton, NJ: Princeton University Press.

National Geographic (2011), Y2K bug, *National Geographic,* www.nationalgeographic.org/encyclopedia/Y2K-bug.

OECD (2020), OECD employment outlook 2020: Worker security and the COVID-19 crisis, *OECD,* www.oecd.org/employment-outlook/2020.

Ohio State University (1999), Night lights don't lead to nearsightedness, study suggests, *ScienceDaily*, www.sciencedaily.com/releases/2000/03/000309074442.htm.

Quinn, G., Shin, C., Maguire, M., et al. (1999), Myopia and ambient lighting at night, *Nature*, 399(6732), 113–114. https://doi.org/10.1038/20094.

Schofield, J. (2000, January 5), The Millennium bug: Special report, *The Guardian,* www.theguardian.com/technology/2000/jan/05/y2k. guardiananalysispage.

Seife, C. (2010), *Proofiness: How you're being fooled by the numbers,* New York: Penguin books.

Spiegelhalter, D. (2015), *Sex by numbers,* London: Profile Books.

Tamma, P. D., Ault, K. A., del Rio, C., Steinhoff, M. C., Halsey, N. A., et al. (2009), Safety of influenza vaccination during pregnancy, *American Journal of Obstetrics and Gynecology,* 201(6), 547–552. https://doi.org/10.1016/j.ajog.2009.09.034.

Tversky, A. & Kahneman, D. (1974), Judgment under uncertainty: Heuristics and biases, *Science, 185*(4157), 1124–1131.

Vogel, E. A., Rose, J. P., Roberts, L. R. & Eckles, K. (2014), Social comparison, social media, and self-esteem, *Psychology of Popular Media Culture, 3*(4), 206–222.

Zadnik, K., Jones, L., Irvin, B., Kleinstein, R., Manny, R., et al. (2000), Myopia and ambient night-time lighting, *Nature, 404,* 143–144.

10장 수와 당신

Brendl, C. M., Markman, A. B. & Messner, C. (2003), The devaluation effect: Activating a need devalues unrelated objects, *Journal of Consumer Research, 29*(4), 463–473.

Castro, J. (2014, January 30), When was Jesus born?, *Live Science,* www.livescience.com/42976-when-was-jesus-born.html.

Dohmen, T. J., Falk, A., Huffman, D. & Sunde, U. (2006), Seemingly irrelevant events affect economic perceptions and expectations: The FIFA World Cup 2006 as a natural experiment, *IZA Institute of Labor Economics,* www.iza.org/publications/dp/2275/seemingly-irrelevant-events-affect-economic-perceptions-and-expectations-the-fifa-world-cup-2006-as-a-natural-experiment.

Friberg, R. & Mathä, T. Y. (2004), Does a common currency lead to (more) price equalization? The role of psychological pricing points, *Economics Letters, 84*(2), 281–287.

Kämpfer, S. & Mutz, M. (2013), On the sunny side of life: Sunshine effects on life satisfaction, *Social Indicators Research, 110*(2), 579–595.

Knapton, S. (2020, October 6), An earlier universe existed before the big bang, and can still be observed today, says Nobel winner, *The Telegraph,* www.telegraph.co.uk/news/2020/10/06/earlier-universe-existed-big-bang-can-observed-today.

Kumar, M. (2019, May 15), When maths goes wrong, *New Statesman,* www.newstatesman.com/culture/books/2019/05/when-maths-goes-wrong.

Raghubir, P. & Srivastava, J. (2002), Effect of face value on product valuation in foreign currencies, *Journal of Consumer Research, 29*(3), 335–347.

Schwarz, N., Strack, F., Kommer, D. & Wagner, D. (1987), Soccer, rooms, and the quality of your life: Mood effects on judgments of satisfaction with life in general and with specific domains, *European Journal of Social Psychology, 17*(1), 69–79.

Tom, G. & Rucker, M. (1975), Fat, full, and happy: Effects of food deprivation, external cues, and obesity on preference ratings, consumption, and buying intentions, *Journal of Personality and Social Psychology, 32*(5), 761–766.

MORE.
NUMBERS.
EVERY.
DAY.